예수님이 곧 오십니다

예수님이 곧 오십니다

초판 1쇄 발행   2015년 3월 10일

저자   김 인 종
펴낸이   김 인 종
펴낸곳   예수천국(JESUSHEAVEN)
출판등록   제 2014-000014호 (2014.8.1)
주소   충남 천안시 서북구 쌍용대로 67, 401호(쌍용동)
전화번호   (041) 571-3990, 010-6693-3169
이메일   injong91@hanmail.net

ISBN   979-11-953554-0-2 03230(종이책)
           979-11-953554-1-9 05230(전자책)

이 도서의 국립중앙도서관 출판예정도서목록(CIP)은 서지정보유통지원시스템 홈페이지(http://seoji.nl.go.kr)와
국가자료공동목록시스템(http://www.nl.go.kr/kolisnet)에서 이용하실 수 있습니다.
(CIP제어번호 : CIP2015007063)

예수님이 곧 오십니다

JESUS IS COMING SOON

현직 목사가 전하는 명쾌한 신앙생활 지침서

김인중 저

예수천국

이 책을 쓴 김인종 목사님은 책 서론 자기소개에서 밝힌 대로 대학 3학년 때 회개하고 감사와 찬양 기도하는 중에 성령세례를 받고 주님의 종이 되어 천안 생명의 교회 담임목사로 쓰임받습니다.

주님은 목사님에게 계시를 보여주시고 말세에 꼭 필요한 말씀을 주시사 책으로 쓰게 하셨으니 하나님께 먼저 감사를 드립니다.

저에게도 폐병의 사선을 넘으며 50년간 깊이 연구케 하시고 깨닫게 하신 내용이 바로 종말과 사후세계입니다. 주님은 우리를 천국에 데려 가시기 위해 재림하시는데, 재림하실 주님을 맞이할 준비를 하는 사람들이 많지 않은 이때에 이 책을 통해서 준비에 필요한 것을 제시해 주시니 감사할 뿐입니다.

성경은 3분의 1이 예언인데 다 성취되고 예수님의 재림과 그 후의 세계만 남았는데도 이상할 정도로 현재 많은 교회들에서는 임박한 주님의 재림과 주님을 맞을 준비에 대해서 침묵하는 것을 볼 수 있습니다.

그래서 이단자들이 이 약점을 이용하여 미래의 중요한 예언인 천년 왕국과 새 하늘과 새 땅 등에 대해 잘못 가르쳐 많은 신자들을 미혹하고 있습니다.

그러므로 올바르게 가르쳐야 하는 이때에 이 책에서는 여러 가지 문제를 바로 가르치고 예수님의 재림을 준비하는 데 필요한 내용을 지적하고 있습니다.

　"회개하라, 천국이 가까이 왔느니라." 하신 주님의 말씀과 같이 이제 곧 재림하시는 주님을 만날 가장 시급한 문제가 회개인데 이 책에서는 회개해야 될 내용들을 제시해 주었습니다.

　곧 오시는 예수님을 맞이하기 위해 준비하는 데 가장 좋은 안내서가 되리라 확신되어 여러분에게 이 책을 추천하는 바입니다.

　할렐루야!

김홍태 원로목사 (국방대학교 교회)

먼저, 한국에 있는 천안 생명의 교회에서 목양하시는 하나님의 사랑하시는 종, 김인종 목사님이 예수 그리스도를 간절히 기다리며 사모하는 신앙 안에서, 성령의 감동하심으로 대서를 하게 하셔서 많은 국내뿐 아니라 세계 인류가 예수 그리스도의 재림에 대하여 깨닫고 우리로 하여금 점도 없고 흠도 없이 거룩함으로 준비되어 예수 그리스도의 심판대 앞에 설 수 있도록 하기 위해, 이 책 『예수님이 곧 오십니다』를 주시는 살아계신 하나님께 모든 감사와 영광을 드립니다.

성경에 미리 말씀으로 약속하신 것과 같이 예수 그리스도께서는 새로운 하늘과 새로운 땅을 준비하시고 우리가 들어갈 수 있도록 준비를 시키시며 준비된 자들을 새로운 의와 평강과 희락이 넘치는 새 낙원으로 데려가시기 위하여 반드시 재림을 하실 것입니다.

이러한 예수 그리스도를 맞이하기 위하여, 하나님이 사랑하시는 종, 김인종 목사님을 통하여 이렇게 잠자는 우리와 믿지 않는 자들을 위하여 귀한 책 『예수님이 곧 오십니다』를 쓰게 하시고 과거와 현재와 미래에 관해 성경과 여러 계시를 통해 매우 조밀하게 우리에게 알려주시는 이 기쁜 소식과 오늘날 짓기 쉬운 죄악들을 낱낱이 우리의 양심에 고발하여 줌으로써 우리가 회개하고 구원 얻을 수 있도록 해주시는 주옥같은 이 말씀들이 진정한 복음의 메시지이며 외침입니다.

우리는 예수 그리스도의 약속대로 의의 나라인 새 하늘과 새 땅을 바라보며 간절히 사모하고 거룩한 행실과 경건함으로 예수 그리스도의 영이신 성령님으로 충만히 기름부음받아 하나님께서 기뻐하시는 살아있는 예수님의 군사로서 또는 신부로서 예수 그리스도 앞에 점도 없고 흠도 없이 평강한 가운데에 진정 순결한 거룩한 성도가 되도록 준비해야 됩니다.

이 책의 글들을 읽으면서 한 자 한 자마다 살아계시는 하나님의 음성을 들으며 우리의 심령과 골수를 쪼개는 귀한 글마다 성령의 감동하심으로 인하여 제가 변화를 받게 하시고 회개를 할 수 있도록 감동주시니 감사할 뿐입니다.

하나님 아버지께서 독생하신 아들, 예수 그리스도를 통해서 인류를 구원하시려는 사랑하심과 자비하심이 목사님을 통하여 이렇게 나타남을 감사하며 우리가 이 책을 읽을 때에 하나님이 어떤 분이시라는 것을 더 깊이 깨닫게 되었고 죄악이 얼마나 중한가를 깨달았으며 주님의 재림이 가까운 이때에 얼마나 많은 인류를 구원하고 싶어 하시는지 주님의 애타는 마음을 조금이나마 알게 되었습니다.

목사님은 많은 사람들이 그 죄악들을 속히 회개하여 모두 다 구원에 이루기를 갈망하는 마음으로 그 언약의 중심인물은 예수 그리스도시라고 거듭 거듭 선포하셨습니다. 오직 예수님밖에 없다는 것을 강조하고 강조하셨습니다.

저는 이제 한국의 모든 기독교인들뿐만 아니라, 세계의 모든 사람들이 이 책을 머리맡에 두고 읽고 또 읽어야 한다고 말씀드리고 싶습니다. 노란색이나 빨간색으로 줄을 치면서 천천히 읽으시기 바랍니다. 그 내용이 너무나도 귀하고 귀하니까 천천히 읽으면서 소화하시기 바랍니다.

이 책을 읽을 때에 믿음이 적은 자들은 큰 믿음을 갖게 되고, 큰 믿음을 가진 자들은 굳건하고 확실한 믿음을 갖게 될 것입니다. 또한 믿음이 없는 자들은 믿음을 선물로 받을 것입니다. 성경에 대한 올바른 지식을 가지게 되고 신앙이 정립될 것입니다.

하나님이 어떤 분이신가 하는 것을 깨닫게 되고 예수 그리스도를 통한 구원이 얼마나 귀중한가 하는 것을 알게 되며 하나님이 성경에 약속해 주신 바, 예수님이 다시 오실 것에 대하여 믿음에 확신을 갖게 될 것입니다.

제가 감히 바라는 것이 있다면 이 책을 대함으로 해서, 한국 교회뿐만 아니라 세계 각지에 있는 모든 인류의 심령에 예수 그리스도를 바라며 간절히 사모하는 마음을 성령님이 주셨으면 합니다.

지금 우리나라뿐만 아니라 세계 각지에서는 타락하고 불법이 성행하고 있습니다.

모든 곳에서 의는 사라지고 그 대신에 불의와 인간들이 만든 우상들로 가득차 가고 있습니다.

제발 한국 교회 성도들과 세계의 모든 사람들이 이 책을 읽고 변화를 받았으면 합니다.

끝으로, 주 예수 그리스도를 믿고 기다리며 간절히 사모하는 마음을 모든 이가 가지기를 원하는 목사님의 신앙과 그 마음을 이 책에 글로 담았으므로, 이 책을 대하는 모든 사람들이 회개해서 예수 그리스도를 믿고 순종하여 구원을 얻었으면 하는 바람입니다.

그리고 목사님이 앞으로도 건강하심으로 주님이 주신 교회의 사명과 사역을 감당하여 잠자는 교회들을 깨워 준비시키며 죽은 영혼들을 살리며 많은 사람들이 전인구원을 누리도록 하나님께 기도하겠습니다.

우리 주 예수님의 재림이 임박한 이때에 대한민국과 세계의 많은 사람들을 위해서 예수 그리스도의 증인으로서 귀한 종님이 되시기를 저는 뒤에서 기도하겠습니다.

이 모든 일에 대해서 하나님께만 영광을 돌리며 전 세계 모든 성도들에게 충심으로 이 책을 추천합니다.

할렐루야!

작은 자 신종채 목사

[다음카페 '예수께서 인류에게(예수 그리스도의 사명자)' 카페지기]

저자 소개

저는 대학교 3학년 시절 골방에서 회개와 감사와 찬양 기도 중에 성령 세례를 받았는데 성령의 불과 기름으로 저의 더러운 속이 깨끗이 태워지고 씻겨지는 체험과, 병이 치료받고, 예수 그리스도를 믿지 않는 가족들이 구원받아 저와 함께 천국으로 올라가는 환상을 보고, 주님의 예언의 말씀을 들은 이후부터는 저의 신앙생활의 깊이가 이전과는 확연히 다르게 되었습니다.

이후로 저는 실제 체험적으로 성령님을 제 안에 모셔서 느끼며 감동받고 기름 부으심 받으며 주 예수님과 주님의 말씀 뜻을 친밀하고 깊게 깨달아 가게 되었으며 주님의 인도하심으로 목회 선교의 길을 걷게 되었습니다.

우리 주 하나님은 2002년 9월 14일에 저와 아내와 출생한 지 100일 정도 된 저희 딸 하영이를 사용하셔서 생명의 교회를 천안에 세우셨고 지금까지 섬세하게 돌보시는 많은 은혜 가운데 저희로 거룩한 열매를 맺으며 준비시켜 오셨습니다.

저는 대한예수교장로회 합동개혁교단에서 목사 안수를 받았고 저희 교회는 현재 기독교 초교파 연합을 지향하는 독립교회로서 주님이 주신 사명을 끝까지 감당하고자 힘쓰고 있습니다.

저희 교회는 예수님의 거룩한 신부운동을 지향하고 예수 그리스도의 강성한 제자운동을 지향하며 예수님의 재림사역을 예비하는 교회입니다.

저는 이 세상을 떠나 천국에 갈 때까지 주님과 함께 십자가 사랑의 사명의 길로 동행하면서 한 사람이라도 더 회개로 이끌길 원하며 한 사람이라도 더 구원받게 하기를 원합니다.

그래서 함께 예수님의 순결하고 거룩한 신부로 단장되며 예수님의 재림의 길을 닦길 원합니다.

그리하여 주 예수님이 다시 오실 때 첫째 부활 휴거받을 수 있는 준비된 성도님들이 되시길 주 예수님의 이름으로 기도합니다. 아멘!

김인종 목사(천안 생명의 교회 담임목사)

• 천안 생명의 교회 인터넷 카페 주소: http://cafe.daum.net/churchl
• 저자 이메일 주소: injong91@hanmail.net

바치는 글

할렐루야!

만왕의 왕, 만주의 주, 만군의 하나님이신 우리 주 하나님 아버지와 예수 그리스도와 보혜사 성령님께 이 책을 바칩니다.

우리 주 예수 그리스도께서 다시 오심이 심히 가까운 이 말세지말에 주님은 저를 변화시켜서 예수님의 재림의 길을 닦게 하시고 이 책을 쓰도록 하셨습니다.

주님은 지극히 작고 낮고 부족한 이 소자를 사용하셔서 많은 사람들을 회개케 하고 사람들을 일깨워 주님의 거룩한 신부로 단장할 수 있도록 준비케 하기를 원하십니다.

이 책은 주님의 책입니다. 책 제목인 『예수님이 곧 오십니다』는 주님이 보여주시고 알려주셨으며 저로 하여금 이 책을 쓰기를 원하셨습니다. 저는 순종함으로 주님이 쓰라고 하신 것을 이 책에 썼으며 모든 공로는 다 성부, 성자, 성령 삼위일체 우리 주 하나님께 있습니다.

부디 여러분이 이 책을 읽으셔서 철저히 회개하시고 주 하나님의 말씀 뜻에 절대 순종하셔서 예수님의 십자가 사랑의 길로 끝까지 가시길 바랍니다.

그리하여 정결하고 거룩한 신부가 되셔서 머지않아 다시 오실 우리 주시요, 그리스도이신 신랑 예수님을 큰 기쁨과 감격과 영광으로 맞이할 수 있기를 기도합니다.

끝으로, 이 책으로 인해 모든 감사와 찬양과 영광을 우리 주 하나님께 올려드립니다.

주 하나님은 영원히 존귀하시고 모든 경배와 감사와 찬양과 영광을 영원토록 받기에 합당하신 유일하신 참 하나님이십니다.

할렐루야! 예수님을 사랑하고 예수님을 찬양합니다. 아멘!

김인종 목사

CONTENTS

예수님이
곧 오십니다

이 장을 비롯한 여러 장에서는 예수님이 저에게 주님의 교회들과 많은 사람들에게 전하라고 하신 계시의 말씀들을 알려 드리도록 하겠습니다.

이 계시의 말씀들을 통해서 우리 주 예수님의 재림이 얼마나 가깝고 우리들이 어떻게 주님을 맞을 준비를 해야 되는지 더욱 잘 알 수 있을 것입니다.

주님은 우리가 이 계시의 말씀들을 가지고 신학적 논쟁을 하지 않기를 원하시고 오직 깨어서 거룩한 신부로 단장하며 주님의 재림의 길을 닦는 데 쓰기를 원하십니다.

큰 모래시계 환상

(2007. 5. 24.)

교회소풍이 끝나고 무료 공부방에 가기 전 모여서 기도할 때 주님께서 눈을 감고 기도하는 저에게 아주 큰 모래시계 환상을 보여주셨습니다.

그 큰 모래시계 중간에는 '준비'라고 쓰여 있는 종이가 있었고 그 종이로 인해 위에 있는 모래들은 아래로 내려오지 않고 있었습니다. '준비'라는 종이 바로 위에는 '재림'이라고 쓰여 있는 모래 알갱이가 있었고 '재림'이라는 모래를 지나 더 위로 올라가니 '핵전쟁'이라는 모래가 있었습니다. 그 주변에도 무수히 많은 모래 알갱이가 있었으나 제가 본 것은 위의 두 개의 모래 알갱이뿐이었습니다.

주님이 이 환상을 저에게 보이신 것은 속히 이루어질 예수님의 재림을 준비하라는 것입니다. 분명 그때가 되면 준비된 자는 휴거받을 것이지만 준비되지 않은 자는 남겨져서 전무후무한 7년 대환난에 참여할 것입니다.

웬만해서는 예수님의 재림 때 휴거에 참여할 수 없습니다. 지금부터라도 준비해야 하며 7년 대환난에 참여한 사람들처럼 목숨을 걸어야 됩니다.

천국은 목숨을 걸고서라도 얻어야 할 아주 가치 있는 곳입니다. 우리가 목숨을 버리고서라도 천국을 얻는다면 그것은 성공한 것입니다. 그러니 우리들은 지금부터 더욱 준비해야 됩니다. 대충대충 믿어서도 안 되고 적당히 믿어서도 안 됩니다. 전심을 다해서 목숨을 걸어서라도 준비해야 됩니다.

예수님의 재림은 속히 이루어질 일이니 한 명도 빠짐없이 깨어 준비하시기 바랍니다.

"이러므로 너희도 예비하고 있으라. 생각지 않은 때에 인자가 오리라." (마 24:44)

"그런즉 깨어 있으라. 너희는 그 날과 그 시를 알지 못하느니라." (마 25:13)

"깨어 있으라. 내가 너희에게 하는 이 말이 모든 사람에게 하는 말이니라 하시니라." (막 13:37)

"그러므로 우리는 다른 이들과 같이 자지 말고 오직 깨어 근신할지라." (살전 5:6)

예수님이 곧 오십니다

다시 보인 큰 모래시계 환상

(2007. 9. 4.)

교회에서 저녁 먹고 예배드릴 준비하고 기도하고 있었습니다. 그때 갑자기 ○○형이 5월에 보았던 모래시계 환상이 떠오르는 것이었습니다. 그러더니 큰 모래시계가 저에게도 보였습니다.

처음엔 '저게 뭐지?' 하다가 자세히 보니 큰 모래시계였습니다. 그 모래시계는 엄청나게 컸습니다.

처음에 '준비'라는 종이가 눈에 띄었는데 모래를 막아주는 그 종이가 거의 구겨져서 입구로 와서 모래들과 함께 밑으로 내려오려고 했습니다. 그 상태에서 1초 후면 모래들과 함께 내려올 정도로… 그렇게 간당간당하게 있었습니다.

거기서 모래알들의 이름을 봤는데 그 종이 바로 위에 있는 것들은 '재림과 휴거'였고 계속해서 '7년 대환난, 기근, 가난, 해일, 태풍, 온역, 자연재해, 핵전쟁' 등등 엄청나게 많았는데 모두 다 환난같이 안 좋은 것들이었습니다.

모래시계 환상을 본 후에 흰 말을 봤는데 그 말이 갑자기 달리더니 날개가 생겨서 날아서 위에 있는 커다란 흰 빛으로 들어갔습니다.

이제 예수님의 재림과 휴거는 얼마 남지 않았습니다. 우리는 깨어서 더욱 더 열심히 준비함으로 첫째 부활 휴거받을 수 있을 정도의 영성이 되길 바랍니다.

"이러므로 너희도 예비하고 있으라. 생각지 않은 때에 인자가 오리라." (마 24:44)

"그런즉 깨어 있으라. 너희는 그 날과 그 시를 알지 못하느니라." (마 25:13)

"깨어 있으라. 내가 너희에게 하는 이 말이 모든 사람에게 하는 말이니라 하시니라." (막 13:37)

"그러므로 우리는 다른 이들과 같이 자지 말고 오직 깨어 근신할지라." (살전 5:6)

내가 속히 오리라

(2007. 8. 23.)

주님은 기도 가운데 저를 천국으로 이끄셨습니다. 그런데 제 모습을 보니 천국 백성들과 같이 흰 옷을 입고 있었습니다. 그리고 허리와 팔에는 붉은 띠를 두르고 있었습니다. 제 머리 위에는 면류관이 있었는데 그 면류관을 머리에서 내려 보니 유리로 된 것처럼 보였습니다. 유리가 아닐 수도 있지만 너무 투명하고 아름다웠습니다. 그 면류관은 그리 크지 않았습니다. 하지만 저는 그 시간 너무 감격했고 또 감사하다는 표현밖에 할 수 없었습니다.

이후 아직도 감격에 겨운 저를 주님은 어디론가 데리고 가셨습니다. 주님은 저를 생명의 교회로 이끌고 가셨습니다. 천국에 있는 생명의 교회 앞에 저는 서게 되었습니다. 아름다운 스테인드글라스로 되어 있는 문이 제 앞에 있었습니다. 저는 그 문을 열고 들어갔습니다.

교회 내부는 너무나 아름다웠습니다. 사방에서 아름다운 빛이 들어오고 있었습니다. 교회는 7층으로 되어 있었고 1층에서 7층까지는 뻥 뚫려 있었습니다. 1층에는 성도들이 앉을 수 있는 금으로 된 장의자가 있었고 앞에는 금으로 된 아름다운 강대상이 있었습니다.

생명의 교회에는 악기들 또한 많이 있었습니다. 층별로 악기들이 있었는데 1층에는 큰 파이프 오르간, 2층에는 현악기들, 3층에는 관악기들, 4층에는 타악기들 순이었습니다. 누가 연주하는 것인지는 모르지만 아주 많았습니다. 교회 내부 및 외부는 아주 큰 규모로 되어 있었습니다.

주님은 생명의 교회를 구경하고 잠시 앉아 있던 저를 교회 옥상으로 데리고 가셨습니다. 옥상은 어느 부분은 단단한 벽으로 되어 있었지만 어느 부분은 유리 같은 재질로 되어 있었습니다. 주님은 저로 하여금 아래를 내려다보게 하셨습니다.

제가 생명의 교회 아래를 내려다봤을 때 그곳은 정확히 십자가의 모양으로 아주 환한 빛을 내고 있었습니다. 정말 아름다웠습니다.

그때 제 심령은 충격과 감동에 휩싸여 웃기도 하고 또 울기도 했습니다. 아마 그 모습을 보기까지는 제 마음을 다 이해할 수 없을 것입니다.

그곳에서 저는 한참 울고 웃었습니다. 태어나서 그렇게 웃어보는 것은 처음이었던 것 같습니다. 그때 예수님은 저에게 말씀하셨습니다.

"내가 곧 길이요 진리요 생명이라. 내 자녀들아, 깨어라 근신하라! 내가 속히 오리라! 내가 속히 오리라! 진정으로 내가 속히 오리라!"

그 후 예수님은 저를 주님의 보좌 앞으로 나아가게 하셨습니다. 정말 많은 사람들이 있었고 또 많은 사람들이 주님을 찬양하며 높이고 있었습니다.

그때 저는 그 사이에서 조용히 기도하였습니다. 조금 이후 갑자기 조용해졌습니다. 위를 올려다보니 주님과 저만 남았고 다른 분들은 다 사라졌습니다. 놀람도 잠시 주님은 저에게 경고의 메시지를 주셨습니다.

"사랑하는 아들아, 많은 교회에 불이 꺼져있구나. 나의 교회라 하는 교회들이 재림을 모르고 준비하지 않고 있구나. 내 마음에 드는 교회는 너무나 적구나."

그리고 또 말씀하셨습니다.

"너희가 듣고, 보고, 나의 종들을 통해 전해 받지 않았느냐. 왜 순종하지 않느냐."

그 후 또 말씀하셨습니다.

"내가 속히 오리라!"

"내가 속히 오리라!"

"내가 진정으로 말하노니 내가 속히 오리라!"

그렇게 말씀하신 이후 주님은 또 말씀하셨습니다.

"나의 날 주일을 지키지 않는 자는 나의 자녀가 아니요, 나의 종이 아니니라. 그런 자는 내 나라에 합당치 않노라. 나는 몸만을 드리는 거짓 예배를 원치 않노라."

그리고 이후에 또 말씀하셨습니다.

"불순종하는 이는 사망과 죽음을 각오하라."

주님이 말씀을 끝내신 이후 제 앞에서는 모든 것이 되돌아 왔습니다.

"이러므로 너희도 예비하고 있으라. 생각지 않은 때에 인자가 오리라." (마 24:44)

"그런즉 깨어 있으라. 너희는 그 날과 그 시를 알지 못하느니라." (마 25:13)

"깨어 있으라. 내가 너희에게 하는 이 말이 모든 사람에게 하는 말이니라 하시니라." (막 13:37)

"그러므로 우리는 다른 이들과 같이 자지 말고 오직 깨어 근신할 지라." (살전 5:6)

여러분, 예수님이 말씀하시고 경고하신 그 말씀들을 심령에 새기기를 바랍니다. 주님은 속히 오리라고 계속 말씀하셨습니다. 진정 속히 오실 예수님을 향하여 기름 등불을 예비하는 슬기로운 자가 되길 바랍니다.

"이것들을 증거하신 이가 가라사대, 내가 진실로 속히 오리라 하시거늘 아멘 주 예수여 오시옵소서." (계 22:20)

예수님이 곧 오십니다

재림나팔을 들고 있는 천사들을 본 환상

(2007. 10. 20.)

토요 제자양육 날에 회개기도 하는 중에 환상을 보았습니다.

갑자기 어느 문이 열리더니 하늘이 보였습니다. 그리고 하늘 위에 식탁이 있었습니다. 그런데 그 식탁에서 빛이 났습니다. 그리곤 예수님이 가운데 서 계셨는데 그 주위엔 촛불들이 여러 개 있었고 그 촛불들이 갑자기 불이 확 번지면서 빛이 났습니다. 또 그 촛불들 주위엔 수백 수천 명의 천사들이 보였는데 나팔을 입에 대고 불려고 했습니다. 그러자 예수님이 재촉하는 듯이 말씀하셨습니다.

"재림이 임박했다! 나의 자녀들아, 어서 준비하거라! 시간을 아껴라. 나를 맞을 준비를 서둘러 하면 휴거될 수 있으니 방심하지 말고 믿음을 갖고 준비하거라."

여러분, 빨리 회개하시고 준비하십시오. 정말 예수님의 재림이 얼마 남지 않았습니다.

주님은 우리들이 생각지 못한 때에 오십니다. 항상 깨어 기도하고 우리의 영혼육을 예수님께 다 드리는 삶을 살아야 됩니다. 늦기 전에 꼭! 철저히 회개하시길 바랍니다.

"그러므로 깨어 있으라. 어느 날에 너희 주가 임할는지 너희가 알지 못함이니라. 너희도 아는 바니 만일 집주인이 도적이 어느 경점에 올 줄을 알았더면 깨어 있어 그 집을 뚫지 못하게 하였으리라. 이러므로 너희도 예비하고 있으라. 생각지 않은 때에 인자가 오리라." (마 24:42~44)

"그런즉 깨어 있으라. 너희는 그 날과 그 시를 알지 못하느니라." (마 25:13)

"깨어 있으라. 내가 너희에게 하는 이 말이 모든 사람에게 하는 말이니라 하시니라." (막 13:37)

"그러므로 우리는 다른 이들과 같이 자지 말고 오직 깨어 근신할지라." (살전 5:6)

예수님이 곧 오십니다

이제 곧 오실 예수님

(2008. 1. 9.)

교회에서 기도 중이었습니다. 제 앞에 커다란 황금종이 보였습니다. 그리고 크고 길며 원통모양으로 생긴 막대가 있었습니다. 그 막대가 움직여 종을 치려고 했는데 몇 센티미터 정도 남겨두고 멈추었습니다. 그때 성령님이 말씀하셨습니다.

"○○아, 이 황금종이 울릴 때 예수님이 재림하신단다."

그래서 제가 "성령님, 저 막대를 제가 움직이겠습니다."라고 말하니 성령님이 말씀하셨습니다.

"그럴 필요는 없다. 이 막대는 이미 계속 움직이고 있단다. 이제 곧 예수님이 재림하실 것이다."

이제 곧 예수님이 오십니다. 1분 1초도 아끼고 방심하지 마시기 바랍니다.

> "이러므로 너희도 예비하고 있으라. 생각지 않은 때에 인자가 오리라." (마 24:44)

> "그런즉 깨어 있으라. 너희는 그 날과 그 시를 알지 못하느니라."

(마 25:13)

"깨어 있으라. 내가 너희에게 하는 이 말이 모든 사람에게 하는 말이니라 하시니라." (막 13:37)

"그러므로 우리는 다른 이들과 같이 자지 말고 오직 깨어 근신할지라." (살전 5:6)

너희는 선택하라

(2008. 1. 15.)

교회에서 기도 중에 환상을 보았습니다. 백마가 있었는데 말의 갈기가 푸른색이었고 굉장히 멋진 말이었습니다. 이 백마 위에는 예수님이 타고 계셨습니다. 예수님의 머리에는 왕관이 있었습니다.

왕관의 모습은 중간 중간에 빨간색, 파란색, 초록색, 노란색 등의 색깔이 있는 타원형의 보석이 박혀 있었는데 너무나 아름다웠습니다. 왕관을 보고 나서 예수님의 몸을 보았는데 너무 빛이 나서 잘 보지는 못했지만 하얀 세마포 왕복을 입고 계셨고 말의 고삐를 잡고 계셨습니다.

그때 예수님이 타고 있던 백마가 움직였습니다. 말이 가는 쪽에는 천국 문이 있었습니다. 그런데 천국 문으로 나가기까지 대략 얼마 정도 거리를 남겨두고 그 상태로 멈추었습니다. 그때 성령님이 말씀하셨습니다.

"저 백마가 천국 문을 통과할 때 예수님이 재림하신단다."

그리고 이어서 말씀하셨습니다.

"시간을 아끼거라. 1분 1초를 아껴 깨어 기도하고 말씀을 보거라. 시간이 없다. 너희는 이 안에 휴거받을 정도의 영성으로 자라나야 한다. 이 안에 너희가 자라나지 않으면 무시무시한 7년 대환난을 각오해야 한다. 너희는 선택하라!"

"이러므로 너희도 예비하고 있으라. 생각지 않은 때에 인자가 오리라." (마 24:44)

"그런즉 깨어 있으라. 너희는 그 날과 그 시를 알지 못하느니라." (마 25:13)

"깨어있으라. 내가 너희에게 하는 이 말이 모든 사람에게 하는 말이니라 하시니라." (막 13:37)

"그러므로 우리는 다른 이들과 같이 자지 말고 오직 깨어 근신할지라." (살전 5:6)

예수님이 곧 오십니다

제2장

예수님의 재림이
심히 가까운 징조를 보라

- 첫 번째: 거짓 그리스도와 거짓 선지자가 많이 나타나는 징조
- 두 번째: 각종 테러와 전쟁의 징조
- 세 번째: 자연의 징조
- 네 번째: 역병의 징조
- 다섯 번째: 대핍박의 시대로 나아가는 징조
- 여섯 번째: 마지막 때에 불법이 성하고 사랑이 식는 징조
- 일곱 번째: 예수님의 천국복음이 온 세상에 전파될 때가 가까운 징조
- 여덟 번째: 교통과 통신의 발달 그리고 지식의 홍수 징조
- 아홉 번째: 이스라엘의 재건국 징조
- 열 번째: 666 짐승의 표의 기능을 다 갖고 있는 베리칩의 기술과 이를 통제
   할 수 있는 통신 시스템의 개발 징조
- 열한 번째: 교회들의 배도가 점점 더 많아지고 세계적인 현상이 되는 징조
- 열두 번째: 이스라엘의 중동 평화조약 준비와 예루살렘 성전 건축 준비 징조

성경은 마지막 때의 징조에 대해서 많은 곳에서 전하고 있는데 그중에서도 마태복음 24장 3절을 보면 예수님이 감람산 위에 앉으셨을 때에 제자들이 와서 성전 건물들이 어느 때에 돌 하나도 돌 위에 남지 않고 다 무너지는지와 주님의 임하심과 세상 끝에 있을 징조는 무엇인지 묻습니다.

"예수께서 감람산 위에 앉으셨을 때에 제자들이 종용이 와서 가로되 우리에게 이르소서, 어느 때에 이런 일이 있겠사오며 또 주의 임하심과 세상 끝에는 무슨 징조가 있사오리이까." (마 24:3)

예수님은 그 질문에 분명하고도 자세하게 대답하여 주시는데, 여기서는 마태복음 24장을 중심으로 주님의 임하심에 대한 12가지 징조를 말씀드리겠습니다.

첫 번째:
거짓 그리스도와 거짓 선지자가 많이 나타나는 징조

예수님의 부활승천 이후로 지금까지 자칭 그리스도 또는 자칭 선지자라 하며 사람들을 미혹하는 자들이 많이 나왔고 예수님의 재림이 심히 가까운 현 세대에는 전 세계적으로 아주 많은 거짓 그리스도들과 거짓 선지자들이 나타나 수많은 사람들을 미혹하고 있습니다. 이에 대하여 성경은 다음과 같이 증거합니다.

"예수께서 대답하여 가라사대 너희가 사람의 미혹을 받지 않도록 주의하라. 많은 사람이 내 이름으로 와서 이르되 나는 그리스도라 하여 많은 사람을 미혹케 하리라." (마 24:4~5)

"거짓 선지자가 많이 일어나 많은 사람을 미혹하게 하겠으며" (마 24:11)

그런데 문제가 심각한 것은 이런 이단 사이비들이 전 세계 곳곳으로 암 종양같이 퍼지고 있는데도 너무나 많은 기독교인들이 미혹당하고 있는 것입니다. 그 이유를 몇 가지 찾아보면 다음과 같습니다.

하나, 거짓 그리스도들과 거짓 선지자들도 예수님과 예수님의 제자들처럼 기사와 이적을 행하는 것입니다.

"거짓 그리스도들과 거짓 선지자들이 일어나 큰 표적과 기사를 보이어 할 수만 있으면 택하신 자들도 미혹하게 하리라."
(마 24:24)

둘, 그들도 역시 성경말씀을 갖고 그럴듯한 논리로 해석하고 적용해서 사탄처럼 사람들을 꾀고 있는 것입니다.

"여호와께서 내게 이르시되 선지자들이 내 이름으로 거짓 예언을 하도다. 나는 그들을 보내지 아니하였고 그들에게 명하거나 이르지 아니하였거늘 그들이 거짓 계시와 복술과 허탄한 것과 자기 마음의 속임으로 너희에게 예언하도다." (렘 14:14)

셋, 사람들이 하나님 말씀을 잘 깨닫고 무시로 성령 안에서 깨어 기도하며 성령 충만함으로 영적 무장을 단단히 하고 있어야 되는데 그렇지 못해서 분별하지 못하기 때문입니다.

"주의 말씀은 내 발에 등이요 내 길에 빛이니이다." (시 119:105)

"시험에 들지 않게 깨어 있어 기도하라." (마 26:41)

예수님이 곧 오십니다

> "그러므로 어리석은 자가 되지 말고 오직 주의 뜻이 무엇인가 이
> 해하라. 술 취하지 말라. 이는 방탕한 것이니 오직 성령의 충만을
> 받으라." (엡 5:17~18)

넷, 예수님은 거짓 선지자들을 삼가고 그들의 열매로 분별하라고 말씀하십니다. 예수님의 십자가 사랑의 열매가 있는지, 하나님의 말씀 뜻대로 순종해서 성령의 열매를 맺는지 살펴봐야 되는 것입니다.

> "거짓 선지자들을 삼가라. 양의 옷을 입고 너희에게 나아오나 속
> 에는 노략질하는 이리라. 그의 열매로 그들을 알찌니 가시나무에
> 서 포도를, 또는 엉겅퀴에서 무화과를 따겠느냐. 이와 같이 좋은
> 나무마다 아름다운 열매를 맺고 못된 나무가 나쁜 열매를 맺나
> 니 좋은 나무가 나쁜 열매를 맺을 수 없고 못된 나무가 아름다운
> 열매를 맺을 수 없느니라. 아름다운 열매를 맺지 아니하는 나무
> 마다 찍혀 불에 던지우느니라. 이러므로 그의 열매로 그들을 알
> 리라." (마 7:15~20)

다섯, 하나님과의 친밀함이 결여되어 있어서 깊은 단계의 영분별을 하지 못하기 때문에 미혹당하기도 합니다.

> "사랑하는 자들아. 영을 다 믿지 말고 오직 영들이 하나님께 속하였
> 나 시험하라. 많은 거짓 선지자가 세상에 나왔음이니라." (요일 4:1)

그러므로 주 하나님과 친밀한 사이가 되도록 힘쓰시길 바랍니다. 날마다 하나님 말씀을 제대로 먹으며 무시로 성령 안에서 깨어 기도하면서 주님과의 친밀한 사랑으로 들어가십시오. 하나님을 사랑하면 사랑할수록 하나님의 사랑을 받으며 하나님을 찾으면 찾을수록 하나님을 만나게 될 것입니다.

"나를 사랑하는 자들이 나의 사랑을 입으며 나를 간절히 찾는 자가 나를 만날 것이니라." (잠 8:17)

자기 자신을 하나님께 다 바쳐 간절히 기도하면 기도할수록 하나님의 놀라운 응답을 받게 됩니다.

"너는 내게 부르짖으라. 내가 네게 응답하겠고 네가 알지 못하는 크고 비밀한 일을 네게 보이리라." (렘 33:3)

그리하여 주님께서 임재하시고 성령의 기름부으심과 주님의 음성과 꿈과 환상 등 여러 가지 계시를 주셔서 깨닫게 해주시며 분별하도록 깊은 은혜를 주시는 것입니다.

"이는 곧 선지자 요엘로 말씀하신 것이니 일렀으되 하나님이 가라사대 말세에 내가 내 영으로 모든 육체에게 부어 주리니 너희의 자녀들은 예언할 것이요 너희의 젊은이들은 환상을 보고 너희의 늙은이들은 꿈을 꾸리라. 그때에 내가 내 영으로 내 남종과 여종들에게 부어 주리니 저희가 예언할 것이요." (행 2:16~18)

예수님이 곧 오십니다

두 번째:
각종 테러와 전쟁의 징조

예수님은 말세가 되면 난리와 난리 소문이 있겠고 민족이 민족을, 나라가 나라를 대적하여 일어난다고 말씀하셨습니다.

> "난리와 난리 소문을 듣겠으나 너희는 삼가 두려워 말라. 이런 일이 있어야 하되 끝은 아직 아니니라. 민족이 민족을, 나라가 나라를 대적하여 일어나겠고" (마 24:6~7)

인류 역사를 살펴보더라도 세계 곳곳에서 전쟁이 그칠 날이 없을 정도로 수많은 전쟁들이 있어왔습니다. 작게는 나라들 사이에 국지전으로부터 시작해서 나라들 안에서 종족 간에 내전, 나라들 사이에 전면전, 크게는 세계 대전 같은 전쟁에 이르기까지 다양한 형태의 전쟁들이 오늘날까지 있어왔습니다.

오래되지 않은 최근의 전쟁들만 살펴보더라도 유고 내전과 이라크 전쟁과 아프가니스탄 전쟁을 위시해서 아프리카 수단과 르완다와 소말리아 내전들이 있어왔고 지금도 끝나지 않은 전쟁들이 여전히 지속되고 있습니다.

심지어 남북한 간의 긴장격화와 잦은 충돌, 이스라엘과 이란 간의 긴장 격화, 중국과 대만 간의 긴장, 중국과 일본 간의 긴장 격화, 중국과 미국 간의 긴장, 러시아와 미국 간의 긴장 등 언제든지 새로운 전면전쟁이 일어날 수 있고 핵전쟁과 세계 대전으로 번질 수 있는 일촉즉발의 전쟁위기가 도사리고 있습니다.

　　특히 에스겔 38장과 39장에 나오듯이 이스라엘과 러시아를 중심으로 하는 연합 세력 사이에 큰 전쟁이 일어날 국제 환경이 조성되고 있습니다.

　　이에 대하여 성경은 다음과 같이 증거합니다.

　　"여호와의 말씀이 내게 임하여 가라사대, 인자야 너는 마곡 땅에 있는 곡 곧 로스와 메섹과 두발 왕에게로 얼굴을 향하고 그를 쳐서 예언하여 이르기를 주 여호와의 말씀에 로스와 메섹과 두발 왕 곡아 내가 너를 대적하여 너를 돌이켜 갈고리로 네 아가리를 꿰고 너와 말과 기병 곧 네 온 군대를 끌어내되 완전한 갑옷을 입고 큰 방패와 작은 방패를 가지며 칼을 잡은 큰 무리와 그들과 함께 한 바 방패와 투구를 갖춘 바사와 구스와 붓과 고멜과 그 모든 떼와 극한 북방의 도갈마 족속과 그 모든 떼 곧 많은 백성의 무리를 너와 함께 끌어내리라. 너는 스스로 예비하되 너와 네게 모인 무리들이 다 스스로 예비하고 너는 그들의 대장이 될지어다. 여러 날 후 곧 말년에 네가 명령을 받고 그 땅 곧 오래 황무하였던 이스라엘 산에 이르리니 그 땅 백성은 칼을 벗어나서 열국에서부터 모여 들어오며 이방에서부터 나와서 다 평안히 거하는 중이라. 네가 올라오되 너와 네 모든 떼와 너와 함께 한 많은 백성이 광풍같이 이르고 구름같이 땅을 덮으리라. 나 주 여호와가 말하노라. 그 날에 네 마음에서 여러 가지 생각이 나서 악한 꾀를 내어 말하기를 내가 평원의 고을들로 올라가리라. 성벽도 없고 문이나 빗장이 없어도 염려 없이 다 평안히 거하는 백성에게 나아가서 물건을 겁탈하며 노략하리라 하고 네 손을 들어서 황무하였다가 지금 사람이 거처하는 땅과 열국 중에서 모여서 짐승과 재물을 얻고 세상 중앙에 거하는 백성을 치고자 할 때에 스바와 드단과 다시스의 상고와 그 부자들이 네게 이르기를 네가 탈취하러 왔느냐. 네가 네 무리를 모아 노략하고자 하느냐. 은과 금을 빼앗으며 짐승과 재물을 취하며 물건을 크게 약탈하여 가고자 하느냐 하리라 하셨다 하라. 인자야 너는 또 예언하여 곡에게 이르기를 주 여호와의 말씀에 내 백성 이스라엘이 평안히 거하는 날에 네가 어찌 그것을 알지 못하겠느냐. 네가 네 고토 극한 북방에서 많은 백성 곧 다 말을 탄 큰 떼와 능한 군대와 함께 오되 구름이 땅에 덮임같이 내 백성 이스라엘을 치러 오리라. 곡아 끝날에 내가 너를 이끌어다가 내 땅을 치게 하리니 이는 내가 너로 말미암아 이방 사람의 목전에서 내 거룩함을 나타내어 그들로 다 나를 알게 하려 함이니라. 나 주 여호와가 말하노라. 내가 옛적에 내 종 이스라엘 선지자들을 빙자하여 말한 사람이 네가 아니냐. 그들이 그때에 여러 해 동안 예언하기를 내가 너를 이끌어다가 그들을 치게 하리라 하였느니라 하셨다 하라."

(겔 38:1~17)

여기서 마곡 땅에 있는 곡 곧 로스와 메섹과 두발은 오늘날 러시아를 의미하며 바사는 오늘날 이란을 중심으로 하는 그 주변지역이고 구스는 에티오피아를 중심으로 하는 그 주변지역이며 붓은 리비아를 중심으로 하는 그 주변지역이고 고멜과 도갈마 족속과 그 모든 떼는 터키와 아르메니아를 중심으로 하는 그 주변지역이라 할 수 있습니다.

이스라엘을 치러 오는 러시아 연합군의 주된 특징은 이스라엘을 끝내 멸망시키려고 강력히 대적하는 세력이며 그 중심에는 극단적인 이슬람 세력이 있는 것입니다.

그러므로 우리는 이러한 전쟁의 징조들이 바로 말세의 징조 중 하나인 것을 알고 무시로 성령 안에서 깨어 예수님의 재림을 준비하고 있어야 되는 것입니다.

세 번째:
자연의 징조

가뭄, 기근, 지진, 화산, 산불, 홍수, 태풍, 강풍, 해일 같은 자연재해는 과거에도 있어 왔지만 최근에는 더욱 자주, 보다 강하게 나타나고 있습니다. 아무리 현대문명이 발달했다고 하지만 이런 자연재해를 막는 데는 한계가 있습니다.

예수님은 마지막 때에 일어날 이것들에 대해서 다음과 같이 말씀하셨습니다.

"처처에 큰 지진과 기근과 온역이 있겠고 또 무서운 일과 하늘로서 큰 징조들이 있으리라." (눅 21:11)

"일월성신에는 징조가 있겠고 땅에서는 민족들이 바다와 파도의 우는 소리를 인하여 혼란한 중에 곤고하리라." (눅 21:25)

점점 악화되어 가는 세계적인 식량난의 이유를 살펴보면 심각한 가뭄, 이상 기후와 과도한 농지 개발 등으로 기인하고 있지만 그에 못지않게 최근에는 꿀벌들이 전 세계적으로 급속히 사라지고 있습니다.

세계적인 과학자 아인슈타인은 꿀벌의 중요성을 다음과 같이 말하였습니다. "꿀벌이 사라지면 인류도 4년 내에 사라진다." 실제로 지구에서 생산되는 전체 농작물의 약 3분의 1은 곤충의 수분 활동을 통해서 열매 맺는데 그중 약 80%가 꿀벌을 통해 이뤄진다고 알려져 있습니다. 그런데 최근 꿀벌이 급속히 사라지고 있다는 소식이 전 세계 곳곳에서 들리고 있습니다.

따라서 이 같은 심각한 이유들로 인하여 점점 감소해가는 식량 생산량 때문에 곡물가가 해마다 많이 오르고 있으며 언제든지 곡물가가 폭등하고 식량난의 큰 재앙이 닥칠 수 있습니다.

실제로 현재 세계 여러 나라에서는 기근이 심각합니다. 특히 아프리카 나라들과 인도와 북한 등의 기근은 매우 심각해서 약 10억 명 가까운 사람들이 만성적으로 굶주림에 시달리고 있으며 매일 수만 명 이상의 어린이들이 기아로 인해서 죽어가고 있습니다.

그리고 지진의 재해를 살펴보면 역사적으로 많이 있어왔지만 특히 20세기 이후에는 지진의 횟수와 강도가 급격히 증가하고 있습니다.

그중에서도 최근 21세기 들어서 큰 피해를 가져 온 지진들을 살펴보면, 2004년 말 동남아시아 일대를 강타한 지진 해일로 인해 약 30만 명 이상이 사망했고 중국 쓰촨성의 지진으로는 8만 명 이상이 사망하고 막대한 피해를 입었습니다. 2010년 1월과 2월에는 아이티와 칠레의 지진 해일로 약 30만 명 이상이 사망하고 수십만 명이 부상을 입었으며 2011년 3월에는 일본 동북부 지진해일로 수만 명 이상의 사상자가 생겼고 원자력 발전 파괴 등 심각한 피해를 입었습니다.

한편, 가속도가 붙은 지구 온난화, 강과 바다의 오염, 식수의 부족과 오염, 토지의 사막화, 산림의 파괴 등으로 인한 피해와 문제는 갈수록 심각해지고 있습니다. 현재 남극과 북극과 그린란드 등에서는 얼음이 급속히 녹고 있어서 이런 속도라면 많은 나라들이 막대한 침수피해를 입게 될 것이며 오존층 또한 파괴 정도가 심해져 감에 따라 지구 생태계에도 점점 더 많은 피해를 주고 있습니다.

지구의 자기장은 태양의 자기장과 함께 북극과 남극의 자기장이 역전되고 있고 지구의 자기장의 자력도 점점 약화되고 있습니다.

이것이 약화되면 대기권이 소실되며 태양에서 오는 대량의 자외선과 방사능으로 인해 인류를 포함한 지구상 모든 동식물들의 면역체계가 크게 약화될 수 있습니다. 뿐만 아니라 지구 표면에 화산폭발, 지진, 폭풍, 홍수, 쓰나미 등 수많은 재난이 일어날 수 있는 것입니다.

또한 소행성들이나 운석들이 지구와 태양근처로 다가올 수 있는데 이때 태양의 흑점들이 집중적으로 연쇄폭발을 일으켜 강력한 태양풍이 지구로 오면 이미 지구 자기장이 약화되어 있고 대기권이 감소한 상태에서는 지구 위에 떠 있는 인공위성들이 파괴되면서 지상으로 떨어질 수 있으며 그 소행성들과 운석들도 얼마든지 지구상에 떨어져 엄청난 재난을 줄 수가 있는 것입니다.

네 번째:
역병의 징조

예수님은 마지막 때에 처처에 온역이 있을 것임을 말씀하셨습니다.

"처처에 큰 지진과 기근과 온역이 있겠고" (눅 21:11)

악성 전염병인 온역은 지금까지 전 세계적으로 있어 왔습니다. 이것은 오랫동안 수많은 사람들을 괴롭혀왔고 수백만에서 수천만 명의 목숨을 앗아간 전염병의 기록은 인류 역사 곳곳에서 발견됩니다.

14세기 유럽 인구의 약 3분의 1을 죽인 흑사병이 그랬고 20세기 들어서는 1918년 제1차 세계대전이 끝날 무렵에 발생해서 약 2년 사이에 전 세계적으로 수천만 명이 사망한 스페인 독감이 있었는데 이것으로 인한 사망자 수는 제1차 세계대전의 사망자수보다 약 3배나 많은 숫자입니다. 이때 한국에서도 약 740만 명 정도의 사람들이 감염되어 그중에서 약 14만 명의 사람들이 사망하였습니다.

그리고 최근 2000년대에 들어와서는 2005년 항생제도 듣지 않는

슈퍼박테리아로 미국에서만 약 2만 명의 사망자가 발생했고, 2009년에는 멕시코시티에서 발생한 것으로 알려진 신종플루가 전 세계로 번져나가서 많은 사람들이 죽어갔습니다.

뿐만 아니라 신종플루 치료제인 타미플루도 듣지 않는 변종 신종플루가 이제는 세계 도처에서 발생하고 있으며, 이것을 치료할 백신도 없이 죽어가는 사람들이 곳곳에서 많이 생겨나고 있습니다.

다섯 번째:
대핍박의 시대로 나아가는 징조

초대교회 시대부터 기독교인들은 많은 핍박을 받아왔습니다. 신앙생활을 하지 못하도록 많은 탄압을 받아왔고 매 맞거나 감옥에 갇히거나 고문당하거나 순교하는 기독교인들도 많았습니다.

우리나라를 보더라도 19세기 중엽에 정부의 쇄국정책에 의해서 많은 핍박과 순교자를 낳았고 일제치하 36년 동안과 6·25때에도 심한 핍박 가운데서 많은 순교자들이 생겨났습니다.

그리고 현재에도 중동이나 아프리카에 있는 이슬람권 국가들이나 북한, 중국, 인도 등 아시아 국가들에서도 많은 기독교인들이 순교를 당하거나 정치범 수용소나 감옥 등으로 끌려가서 온갖 고문과 학대의 고통을 당하고 있습니다. 그리고 예수님의 재림이 다가올수록 더욱 더 심한 박해와 수많은 순교자들이 생겨날 것입니다.

예수님은 이것에 대해 다음과 같이 말씀하셨습니다.

"그때에 사람들이 너희를 환란에 넘겨주겠으며 너희를 죽이리니 너희가 내 이름을 위하여 모든 민족에게 미움을 받으리라. 그때에 많은 사람이 시험에 빠져 서로 잡아주고 서로 미워하겠으며"

(마 24:9~10)

장차 예수님의 지상 재림 전 대환난 때에는 전무후무하게 그리
스도인에 대한 대핍박이 있을 것입니다. 그때 남겨져서 짐승의 표
를 받지 않는 그리스도인들은 온갖 고문의 고통 가운데 순교할 사
람들이 많이 있게 되는데 기독교 역사상 유래 없는 비참한 최대의
박해가 있을 것입니다. 그러므로 지금부터 깨어 순교 신앙으로 준
비하시길 바랍니다.

여섯 번째:
마지막 때에 불법이 성하고 사랑이 식는 징조

예수님은 마지막 때가 되면 불법이 성하고 사랑이 식을 것이라고 말씀하셨습니다.

"불법이 성하므로 많은 사람의 사랑이 식어지리라." (마 24:12)

마지막 때에는 더욱 더 많은 불법으로 수많은 죄악들이 나타날 것입니다. 불법과 죄악들이 관영하므로 이 세상에는 사랑이 식고 사람들에게 많은 고통을 가져올 것입니다.

디모데후서 3장 1~5절 말씀은 다음과 같이 증거합니다.

"네가 이것을 알라. 말세에 고통하는 때가 이르리니 사람들은 자기를 사랑하며 돈을 사랑하며 자긍하며 교만하며 훼방하며 부모를 거역하며 감사치 아니하며 거룩하지 아니하며 무정하며 원통함을 풀지 아니하며 참소하며 절제하지 못하며 사나우며 선한 것을 좋아 아니하며 배반하여 팔며 조급하며 자고하며 쾌락을 사랑하기를 하나님 사랑하는 것보다 더하며 경건의 모양은 있으

예수님이 곧 오십니다

나 경건의 능력은 부인하는 자니 이 같은 자들에게서 네가 돌아 서라." (딤후 3:1~5)

이런 불법의 죄악들로 인하여 많은 사람들의 사랑이 식을 것입니다.

먼저 하나님을 향한 사랑이 식어 하나님을 구하지 않습니다. 대신 이 세상과 이 세상의 것들을 구하고 좇습니다. 이 세상과 이 세상의 것들을 사랑하고 즐깁니다. 목적과 목표를 하나님께 두지 않고 이 세상과 이 세상의 것들에 둡니다.

기독교인이라 할지라도 사업 때문에, 모임 때문에, 결혼식 때문에 등등 여러 가지 핑계를 대면서 주일성수하지 않습니다. 돈을 사랑하므로 하나님의 것인 십일조도 도둑질합니다. 쾌락을 사랑하므로 하나님의 말씀들을 알지만 지키지 않고 정욕의 죄악들을 범하며 정결하고 거룩한 삶을 살지 않습니다.

또한 타인을 향한 사랑도 식습니다. 이기주의가 팽배하여 무정하고 긍휼과 자비가 없으며 자기 이익을 위하여 타인에게 불법의 죄악들을 범하는 것을 서슴지 않습니다.

부부사이라 할지라도 사랑이 식고 이기주의로 말미암아 서로 싫어하고 결국 이혼하고 맙니다. 그리하여 가정을 깨뜨리고 여러 식구들에게 큰 상처를 줍니다. 오늘날 우리나라를 비롯해서 전 세계적으로 이혼율이 점점 높아지고 있는 것은 바로 서로 간에 사랑이 식었기 때문입니다.

일곱 번째:
예수님의 천국복음이 온 세상에 전파될 때가 가까운 징조

예수님은 천국복음이 세상 모든 민족에게 전파되어 증거되면 세
상의 끝이 온다고 말씀하셨습니다.

"이 천국복음이 모든 민족에게 증거되기 위하여 온 세상에 전파
되리니 그제야 끝이 오리라." (마 24:14)

기독교 선교단체들의 통계를 살펴보면 이제는 세계 대부분의 민
족에게 복음이 전파되었고 소수의 민족만이 남아있다고 합니다. 과
거 20세기 중반에만 해도 미전도 종족이 많이 남아있었으나 지금
은 교통수단, 통신기술, 인터넷 등의 발달로 인해 복음 전파가 아
주 빠른 속도로 이뤄지고 있습니다.

몇 년 전 로잔 세계선교대회 보고에 의하면 1988년에는 약
12,000으로 집계되었던 미전도 종족이 2004년에는 약 6,000여 미
전도 종족으로 줄어들었고 2008년에는 약 1,600여 미전도 종족이
남았다고 합니다.

앞으로도 이와 같은 복음전파 속도라면 머지않아서 세계 전 종

족에게 천국복음이 전파될 것입니다.

실제로 현재 아프리카와 아시아, 남미와 중동에 이르기까지 엄청난 부흥의 역사가 일어나고 있습니다. 이는 실로 예수님의 재림 직전 말세지말의 증거로서 우리가 깨어서 주님의 재림의 길을 열심히 닦아야 될 것을 말해주고 있습니다.

여덟 번째:
교통과 통신의 발달 그리고 지식의 홍수 징조

현재는 많은 사람들이 빨리 왕래하며 수많은 지식들이 빠른 속도로 더하여지는 시대입니다. 성경을 보면 이것에 대한 예언의 말씀이 있습니다.

"다니엘아 마지막 때까지 이 말을 간수하고 이 글을 봉함하라. 많은 사람들이 빨리 왕래하며 지식이 더하리라." (단 12:4)

현재 우리가 살고 있는 이 세상은 각종 지식과 정보들로 넘쳐나는 지식과 정보의 홍수 시대입니다. 특히 과학기술의 발달과 인터넷을 비롯한 각종 통신의 발달과 보급으로 인해서 수많은 지식과 정보들은 날마다 빠른 속도로 더욱 더 쌓여가고 있습니다.

예전에는 보통 책과 신문, 라디오방송, TV방송 등을 통해서도 많은 지식과 정보들을 접할 수 있었지만 초고속 인터넷 시대인 오늘날에는 그것과는 비교할 수 없을 정도로 수많은 지식과 정보들을 빠르게 접할 수가 있습니다.

오늘날 한 해에 얻을 수 있는 지식과 정보량은 인류 역사가 시작된 때부터 20세기까지 쌓아온 지식과 정보량보다 훨씬 더 많으며, 해를 거듭할수록 기하급수적인 증가를 이루고 있습니다.

또한 자동차, 기차, 비행기 등의 교통수단의 발달로 인해 이제는 세계가 1일 생활권에 들어올 정도로 많은 사람들이 빨리 왕래하는 시대가 되었습니다. 참으로 많은 사람들이 빨리 왕래하며 지식이 더욱 더 많이 더하여지는 마지막 때인 것입니다.

아홉 번째:
이스라엘의 재건국 징조

AD 70년경 고대 로마제국의 군대에 의해 멸망한 이스라엘 유대 민족이 오랜 세월 동안 나라를 잃고 유리방황하다가 마침내 나라를 재건국한 것은 성경적으로 중요한 증거라 할 수 있습니다.

예수님이 예언하신 대로 고대 로마 군대에 의해 예루살렘 성전은 돌 위에 돌 하나도 남아있지 않을 때까지 완전히 파괴되었고 이스라엘 유대인들은 수많은 사람들이 죽고 다치고 포로로 끌려갔으며 결국은 나라를 잃고 전 세계로 뿔뿔이 흩어졌습니다.

그러나 그로부터 약 1,878년이 지난 1948년에 이스라엘 민족은 팔레스타인 고향땅에 다시 나라를 세우고 이제는 주변 아랍 국가들에게 지지 않는 강한 나라가 되었습니다. 그런데 성경을 보면 이미 이스라엘이 멸망할 것과 훗날 다시 나라를 세울 것임이 예언되었습니다.

"전에는 내가 그들로 사로잡혀 열국에 이르게 하였거니와 후에는 내가 그들을 모아 고토로 돌아오게 하고 그 한 사람도 이방에 남기지 아니하리니 그들이 나를 여호와 자기들의 하나님인 줄 알리

라." (겔 39:28)

그리고 이스라엘의 재건국은 예수님의 재림이 아주 가까움을 예언하고 있습니다. 성경은 이것에 대해 다음과 같이 증거하고 있습니다.

"무화과나무의 비유를 배우라. 그 가지가 연하여지고 잎사귀를 내면 여름이 가까운 줄을 아나니 이와 같이 너희도 이 모든 일을 보거든 인자가 가까이 곧 문 앞에 이른 줄 알라. 내가 진실로 너희에게 말하노니 이 세대가 지나가기 전에 이 일이 다 이루리라." (마 24:32~34)

이 비유에서 무화과나무는 이스라엘을 상징한다고 볼 수 있습니다. 겨울 동안 앙상한 가지만 있었던 무화과나무가 봄에 연한 가지를 내고 잎사귀를 내면 여름이 가까운 것처럼 망하여 흩어졌던 이스라엘이 다시 건국하게 되면 예수님의 재림과 세상 종말이 아주 가깝다는 것입니다.

열 번째:

666 짐승의 표의 기능을 다 갖고 있는 베리칩의 기술과 이를 통제할 수 있는 통신 시스템의 개발 징조

성경은 마지막 때에 사탄으로부터 보냄받은 짐승의 영을 받은 적 그리스도 통치자와 거짓 선지자가 나타나 사람들로 하여금 손이나 이마에 표를 받게 해서 사람들을 통제하고 짐승의 우상을 섬기도록 강제할 것을 증거하고 있습니다.

> "저가 권세를 받아 그 짐승의 우상에게 생기를 주어 그 짐승의 우상으로 말하게 하고 또 짐승의 우상에게 경배하지 아니하는 자는 몇이든지 다 죽이게 하더라. 저가 모든 자 곧 작은 자나 큰 자나 부자나 빈궁한 자나 자유한 자나 종들로 그 오른손에나 이마에 표를 받게 하고 누구든지 이 표를 가진 자 외에는 매매를 못하게 하니 이 표는 곧 짐승의 이름이나 그 이름의 수라. 지혜가 여기 있으니 총명 있는 자는 그 짐승의 수를 세어 보라. 그 수는 사람의 수니 육백육십육이니라." (계 13:15~18)

이 표는 666 짐승의 표로서 마치 현대판 선악과와 같습니다. 이

예수님이 곧 오십니다

표를 받는 것은 단순히 정치, 경제, 사회, 문화, 스포츠, 군사 등의 분야에서 편리한 유익을 위하는 것에 그치는 것이 아니라 '이제부터 나는 짐승인 적그리스도 통치자 세력의 중앙 통제를 믿고 따르겠다'는 서약과 같습니다.

그러므로 현대판 선악과인 짐승의 표 666을 받는 사람은 자신의 영혼육이 짐승인 적그리스도 통치자에게 속하게 되고 사탄마귀의 것이 되고 맙니다. 짐승인 적그리스도 통치자의 세력에 의해 감시와 통제를 받고 자유가 없어지며 사생활이 침해되고 짐승인 적그리스도 통치자의 종으로서 적그리스도 통치자를 우상숭배하며 사탄 마귀의 종이 되고 마는 것입니다.

그리하여 짐승의 표 666을 받은 사람은 하나님의 심판을 받고 고통 가운데 얼마 동안 살다가 사탄 마귀 악한 영들과 영원토록 지옥 유황불 못에서 쉼 없이 괴로움을 받는다고 성경은 증거하고 있습니다.

> "또 다른 천사 곧 셋째가 그 뒤를 따라 큰 음성으로 가로되 만일 누구든지 짐승과 그의 우상에게 경배하고 이마에나 손에 표를 받으면 그도 하나님의 진노의 포도주를 마시리니 그 진노의 잔에 섞인 것이 없이 부은 포도주라. 거룩한 천사들 앞과 어린양 앞에서 불과 유황으로 고난을 받으리니 그 고난의 연기가 세세토록 올라가리로다. 짐승과 그의 우상에게 경배하고 그 이름의 표를 받는 자는 누구든지 밤낮 쉼을 얻지 못하리라 하더라."
>
> (계 14:9~11)

그리고 요한계시록 16장 2절 말씀을 보면 짐승의 표를 받은 사람들과 그 우상에게 경배하는 자들 모두에게 악하고 독한 헌데의 재앙 심판이 임하는 것을 알 수 있습니다.

"첫째가 가서 그 대접을 땅에 쏟으매 악하고 독한 헌데가 짐승의 표를 받은 사람들과 그 우상에게 경배하는 자들에게 나더라." (계 16:2)

하나님은 짐승의 표를 받은 사람들과 그 우상에게 경배하는 자들 모두에게 같은 재앙의 심판을 하신다는 것입니다.

그리고 요한계시록 19장 20절 말씀을 보면 이적을 행하던 거짓 선지자가 짐승의 표를 받고 짐승의 우상에게 경배하던 자들을 미혹하던 자라고 증거하고 있습니다.

"짐승이 잡히고 그 앞에서 이적을 행하던 거짓 선지자도 함께 잡혔으니 이는 짐승의 표를 받고 그의 우상에게 경배하던 자들을 이적으로 미혹하던 자라. 이 둘이 산 채로 유황 불붙는 못에 던지우고" (계 19:20)

이처럼 사탄은 거짓 선지자로 하여금 많은 사람들을 미혹하여 짐승의 표를 받고 짐승의 우상에게 경배하도록 하며 사람들을 통제할 것입니다.

20세기 말경까지만 해도 전 인류를 통제할 수 있는 기술이 없었지만 이제는 베리칩(verichip)의 개발로 전 인류를 통제할 수 있는

예수님이 곧 오십니다

수단이 생겼습니다.

베리칩은 확인(verification)과 칩(chip)의 합성어로서 '확인용 칩'이라는 뜻입니다. 이것은 사람의 피부 안에 삽입하는 체내 이식용 마이크로칩을 말하며 현재는 포지티브 아이디(positive ID)로 이름이 바뀌었는데 쌀알보다 더 작은 칩이 나오고 있습니다. 무선 식별(RFID: radio frequency identification) 기술을 사용하고 안테나와 축전지와 메모리 등 크게 세 부분으로 구성되어 있습니다. 그러면 베리칩이 짐승의 표인 666표로 쓰이게 되는 증거들을 알아보겠습니다.

하나, 베리칩과 짐승의 표는 공히 피부에 받는 실제 표식입니다.

어떤 사람들은 666표가 단지 상징이나 영의 표식에 불과하다고 말합니다. 그러나 표는 헬라어 원어로 카라그마(χαραγμα)이고 파거나 새겨 넣은 기호나 표식을 말합니다.

짐승의 표는 손이나 이마에 받는다고 기록되어 있는데 이런 표현은 실제적이고 물리적인 동작을 나타내는 말씀이며 베리칩은 바로 짐승의 표의 이와 같은 실제적이고 물리적인 표식에 부합한다고 말할 수 있습니다.

만약 예수님을 믿지 않는 자는 이미 666 짐승의 표를 받은 것이요, 예수님을 믿는 자는 666 짐승의 표를 받지 않은 것임을 상징한다고 하거나 예수님을 믿지 않는 사람들만 영적으로 666표 받은 것이라고 말한다면 사람들은 태어나면서부터 666 짐승의 표를 받고 태어난다고 상징적으로 보거나 영적으로 666표를 받고 태어난다는 잘못된 결과에 이르게 됩니다.

왜냐하면 사람은 태어날 때부터 예수님을 믿고 거듭남으로 태어나는 것이 아니라 죄악 가운데서 태어나서 회개하고 믿고 거듭남으로 새사람이 되는 것이기 때문입니다.

그러므로 예수님을 믿지 않는 자가 666 짐승의 표를 받은 것이라고 상징적으로 해석하거나 영적으로 666표를 받았다고 해석한다면 사람들은 태어나면서부터 짐승의 표를 받고 짐승에게 경배하는 자들이 되어 결국 다 지옥 가는 인생이 되고 만다는 잘못된 해석에 이르게 됩니다.

그리고 그렇게 중요한 짐승의 표를 왜 구약시대에는 말씀하지 않으시고, 또 왜 예수님 공생애 시대에도 말씀하지 않으시며, 왜 사도 요한을 통해 예수님 지상 재림 전 마지막 때 이 세상에서 있을 것으로 말씀하며 기록하게 했습니까?

요한계시록 13장 이후부터 짐승의 표 666에 대해서 기록하고 있는 것은 말세에 있을 사탄의 종인 짐승의 일에 대해 우리에게 경고하기 위한 것입니다.

그리고 요한계시록 13장 16~17절 말씀인 "저가 모든 자 곧 작은 자나 큰 자나 부자나 빈궁한 자나 자유한 자나 종들로 그 오른손에나 이마에 표를 받게 하고 누구든지 이 표를 가진 자 외에는 매매를 못하게 하니 이 표는 곧 짐승의 이름이나 그 이름의 수라."는 말씀만 보더라도 표가 없었던 자들이 그 오른손에나 이마에 표를 받도록 하며 표가 없는 자들은 매매를 못하게 만드는, 실제 물리적으로 나타날 일인 것임을 알 수 있습니다.

또한 주님은 저에게도 짐승의 표는 상징이 아니라 실제 물리적으로 손이나 이마에 받는 표라고 알려주셨습니다. 이것과 관련하여

예수님이 곧 오십니다

주님께서 저희 교회에 주신 계시 중 몇 가지를 알려드립니다.

"잠시 후 주님께서는 다른 모습들도 보여주셨습니다. 지금의 톨게이트처럼 생긴 곳을 보여 주셨습니다. 그곳에는 사람은 없었으며 마치 교통카드를 대면 자동으로 계산이 되는 것처럼 보이는 기계만 있었습니다. 그때 하얀 차 한 대가 그곳으로 지나갔습니다. 차를 탄 사람은 팔을 창문 밖으로 빼고 그 기계에 손을 대고 나서 가던 길을 갔습니다.

이 환상이 있은 후 또 연속해서 환상이 보였는데 이번엔 지구에 큰 환난이 있어 적그리스도들이 사람들로 하여금 666표를 받도록 강요하고 받기를 거부하는 사람은 고문하거나 죽이는 장면이었습니다. 그런데 제가 거기서 본 사람은 바로 친구 ○○였습니다. 휴거 받지 못하고 남아 있었던 거지요. ○○는 666표 받기를 거부하다 순교를 당했습니다."

이것을 보더라도 이 계시를 받은 사람들뿐만 아니라 이 글을 정상적으로 읽는 사람이라면 666표가 실제 사람의 육체에 물리적으로 받는 것임을 알 수 있습니다. 또한 주님은 사람이 영적으로도 짐승의 표 666을 받게 되는 것을 알려주셨습니다.

"이것은 우리가 몇 년 전 TV를 시청할 때였습니다. 천주교 신부와 신부가 아닌 몇 명의 사람들이 화면에 나왔는데 이때 주님께서 영안을 열어주시고 보여주시면서 알려주셨습니다. 그들의 이마에는 666이 찍혀 있었고 그들은 육체에도 짐승의 표를 받았다고 주님이 말씀하셨습니다."

둘, 베리칩과 짐승의 표는 받는 위치가 같습니다.

요한계시록 13장 16절 말씀과 요한계시록 14장 9절 말씀을 보면 짐승의 표를 어디에 받는지가 분명히 나와 있습니다.

"저가 모든 자 곧 작은 자나 큰 자나 부자나 빈궁한 자나 자유한 자나 종들로 그 오른손에나 이마에 표를 받게 하고" (계 13:16)

"또 다른 천사 곧 셋째가 그 뒤를 따라 큰 음성으로 가로되 만일 누구든지 짐승과 그의 우상에게 경배하고 이마에나 손에 표를 받으면" (계 14:9)

여기서 짐승의 표는 손이나 이마에 받는다는 것을 분명히 말씀하고 있습니다. 헬라어 원어를 보더라도 손은 '케이르(χείρ)'로 손이나 팔이라는 의미가 있으며, 이마는 '메토폰(μέτωπον)'으로 이마를 포함한 머리 전체를 의미합니다.

그리고 손과 이마는 대부분 항상 외부에 노출되어 있어서 스캔 인식 체계를 쉽게 이용할 수 있는 곳입니다. 그래서 현재 베리칩을 받는 사람들은 손이나 팔이나 이마나 머리에 받고 있습니다.

마지막 때 짐승인 적그리스도 통치자는 사람들에게 자신의 표를 이마나 손에 받게 함으로써 자신을 섬기게 하며 자신의 소유로 만들어 표시하고 이를 통해 전 세계를 통제하고자 합니다.

사탄은 이 세상의 왕으로서 짐승의 표를 이용해서 전 세계 육신의 세계를 통제하고 사람들의 영혼까지 소유하려 하고 있는 것입니다.

셋, 베리칩과 짐승의 표는 매매를 통제할 수 있습니다.

베리칩이 적용되기 전까지는 보통 현금이나 신용카드, 체크카드, 수표 등을 사용해서 매매를 해 왔습니다. 그러나 이제는 서서히 베리칩을 매매를 위한 결제 수단으로 대중화하려고 하고 있습니다. 현금이나 신용카드 등이 없어도 매매를 할 수 있고 경제 활동을 할 수 있는 시대가 오고 있는 것입니다.

장차 짐승인 적그리스도 통치자가 이 세상을 지배하게 되면 현금과 수표 그리고 신용카드 등의 사용을 없애고 베리칩을 이용해서 모든 매매를 거래하도록 통제할 것입니다.

만약 베리칩을 받지 않으면 어떤 매매도 할 수 없도록 금지되며 정상적인 경제생활을 막을 것입니다. 비록 돈이 있을지라도 매매할 수 없게 되고 직장 생활을 비롯한 경제생활에 막대한 제약이 있게 됩니다. 성경은 이것에 대해 다음과 같이 증거하고 있습니다.

"누구든지 이 표를 가진 자 외에는 매매를 못하게 하니 이 표는 곧 짐승의 이름이나 그 이름의 수라." (계 13:17)

넷, 베리칩과 짐승의 표는 사람을 감시 추적하고 통제를 가능하게 합니다.

베리칩을 사람 몸에 넣으면 그 사람이 어디에 있든지 GPS(위치 추적 위성)를 통해 그 사람의 번호인 16자리 코드가 송수신되며 지상 통제소에서는 그 위치 정보를 알 수 있을 뿐만 아니라 GPS를 통해 감시하고 추적할 수 있습니다.

현재 많은 나라에서는 애완동물에 베리칩이 넣어지고 있고 사람에게도 신원 확인, 기밀 보호, 범죄 예방, 의료 생활, 아동 보호, 매매, 군사용 등의 이유로 넣어지고 있습니다. 뿐만 아니라 앞으로는 주민등록증이나 운전면허증, 그리고 여권 같은 신분증을 대체하는 용도로 점점 대중화될 것입니다.

예전에 베리칩 제조회사 회장인 스캇 실버맨(Scott Silverman)이 폭스(Fox) 뉴스에 나와서 베리칩의 용도에 대해서 네 가지로 답변한 적이 있습니다. 그 네 가지는 바로 GPS(위성 추적), Security(보안), Financial(재정), Health Care(의료)입니다.

이처럼 사회 전반에 걸쳐서 대중화되어가고 7년 대환난 후삼년 반에 적그리스도 통치자의 세계 정부가 나타날 때에는 가능한 한 모든 사람들로 하여금 의무적으로 베리칩을 받게 하여 감시 추적하고 통제할 것이며 이것으로 인해 사람들은 사회생활에 크나큰 제약을 받게 될 것입니다.

성경은 이것에 대해 다음과 같이 증거하고 있습니다.

> "저가 모든 자 곧 작은 자나 큰 자나 부자나 빈궁한 자나 자유한 자나 종들로 그 오른손에나 이마에 표를 받게 하고"
>
> (계 13:16)

다섯, 베리칩과 짐승의 표는 강요와 처벌이 있습니다.

베리칩이 처음 나올 때는 반드시 받도록 하는 강제법이 없이 자유로운 자기 선택으로 받지 않아도 아무런 처벌이 없었습니다. 그러나 이제는 사람들로 하여금 받도록 하는 강제법을 은밀히 추진하고 있습니다.

처음에는 각 분야별로 부분적으로 또는 단계별로 사람들이 베리칩을 받도록 하는 강제법을 제정하여 실시할 것인데 베리칩을 받지 않을 경우 벌금을 내야 하거나 사회 보험 혜택을 받지 못하거나 직장을 잃을 수도 있는 등 처벌 규정을 갈수록 강화시켜 갈 것입니다. 그리고 나중에 짐승인 적그리스도 통치자가 이 세상을 통제하는 대환난의 후삼년 반 시기에는 모든 사람들에게 짐승의 표로서 베리칩을 받도록 하는 강제법을 실시할 것이며 베리칩을 받지 않는 사람들은 매매를 하지 못하게 할 뿐 아니라 범죄인이요, 사회악으로 내몰아 가혹한 형벌로 핍박할 것입니다.

이 시기에 짐승의 표인 베리칩을 받지 않고 우상 숭배를 하지 않는 크리스천들이 대핍박을 받게 될 것입니다. 이와 관련하여 성경은 다음과 같이 증거하고 있습니다.

> "저가 권세를 받아 그 짐승의 우상에게 생기를 주어 그 짐승의 우상으로 말하게 하고 또 짐승의 우상에게 경배하지 아니하는 자는 몇이든지 다 죽이게 하더라." (계 13:15)

송명희 시인이 마지막 때 대환난에 대해 하나님으로부터 받은 계시들을 소설로 쓴 책인 『표(Chip)』를 보면 주님이 보여 주신 마지막 때에 대한 내용들이 실려 있습니다.

마지막 때 적그리스도 통치자는 사람들에게 칩을 받도록 강요하고 적그리스도 통치자의 추종 세력으로 만들며 전 세계를 통제하고자 하는데, 칩을 받지 않는 자는 온갖 고문들을 가하며 끝까지 받지 않는 자는 잔인하게 죽인다는 것입니다.

여섯, 짐승의 표와 베리칩은 컴퓨터와 상호 밀접한 관계를 갖고 기능을 발휘합니다.

짐승인 적그리스도 통치자는 컴퓨터와 짐승의 표를 이용하여 전 세계를 통제할 것입니다. 짐승의 표는 컴퓨터와 상호작용으로 기능을 발휘하는데 컴퓨터를 통하지 않고서는 제 기능을 발휘할 수가 없을 만큼 긴밀한 관계를 맺고 있습니다.

벨기에 브뤼셀에는 EU(유럽연합) 본부가 있는데 그곳에는 세상 모든 사람들의 정보를 저장하고 처리하여 전 세계를 통제할 수 있는 초대형 컴퓨터가 있으며 그 이름은 '짐승(Beast)'입니다.

또한 컴퓨터(computer)를 영어 알파벳으로 만든 컴퓨터 코드로 환산해보면 666이 되며 짐승의 표(mark of beast)를 컴퓨터 코드로 환산해 보더라도 666이 됩니다. 이처럼 베리칩은 컴퓨터와 상호작용으로 아주 밀접한 관계를 갖고 있으며 컴퓨터를 통해서만 기능을 발휘할 수 있습니다.

성경은 이것에 대해 다음과 같이 증거하고 있습니다.

"누구든지 이 표를 가진 자 외에는 매매를 못하게 하니 이 표는 짐승의 이름이나 그 이름의 수라. 지혜가 여기 있으니 총명 있는 자는 그 짐승의 수를 세어보라. 그 수는 사람의 수니 육백육십육이니라." (계 13:17~18)

예수님이 곧 오십니다

일곱, 베리칩은 짐승의 표로 사용되어 사람들로 하여금 하나님의 계명을 어기게 하며 우상 숭배로 이끌고 온갖 죄악을 범하는 사탄의 종이 되게 합니다.

요한계시록 14장 9~12절 말씀만 보더라도 우리는 짐승의 표를 받아서는 안 되는 것을 알 수 있습니다.

"또 다른 천사 곧 셋째가 그 뒤를 따라 큰 음성으로 가로되 만일 누구든지 짐승과 그의 우상에게 경배하고 이마에나 손에 표를 받으면 그도 하나님의 진노의 포도주를 마시리니 그 진노의 잔에 섞인 것이 없이 부은 포도주라 거룩한 천사들 앞과 어린양 앞에서 불과 유황으로 고난을 받으리니 그 고난의 연기가 세세토록 올라가리로다. 짐승과 그의 우상에게 경배하고 그 이름의 표를 받는 자는 누구든지 밤낮 쉼을 얻지 못하리라 하더라. 성도들의 인내가 여기 있나니 저희는 하나님의 계명과 예수 믿음을 지키는 자니라." (계 14:9~12)

짐승의 표는 사람들로 하여금 하나님의 계명을 어기도록 하고 우상숭배로 이끌며 예수 그리스도를 참되게 믿지 못하게 하고 짐승의 종으로 만듭니다. 그러나 예수님을 참되게 믿는 자는 하나님의 계명을 진실로 지킵니다. 예수님을 믿는다고 하면서 하나님의 계명을 지키지 않는 자들은 거짓된 자들입니다.

우리가 예수님을 믿고 구원받았다면 그 구원의 믿음을 계속 지키기 위해서는 타락하지 말고 계속 예수 믿음으로 하나님의 계명을 지키는 구원의 믿음이 있어야 되는 것입니다.

만약 누구든지 짐승의 표의 좋아 보이는 것들을 좇아 짐승의 표를 받거나, 기득권을 잃고 생명의 위협이나 큰 핍박받는 것을 두려워하여 짐승의 표를 받으면 그 자체가 하나님의 뜻을 대적하는 심각한 죄일 뿐만 아니라 이는 곧 하나님의 계명을 어기며 짐승인 적그리스도 통치자를 우상 숭배하는 크나큰 죄악으로 떨어지게 하고 온갖 죄악을 범하는 사탄의 종이 되도록 할 것입니다.

그리고 요한계시록 19장 20절 말씀을 보면 짐승인 적그리스도 통치자와 그의 우상에게 경배하는 자들만 짐승의 표를 받는 것이 아니라, 먼저 짐승의 표를 받은 자들 또한 이어서 짐승인 적그리스도 통치자의 우상에게 경배하는 것을 알 수 있습니다.

"짐승이 잡히고 그 앞에서 이적을 행하던 거짓 선지자도 함께 잡혔으니 이는 짐승의 표를 받고 그의 우상에게 경배하던 자들을 이적으로 미혹하던 자라. 이 둘이 산 채로 유황불 붙는 못에 던지우고" (계 19:20)

이처럼 사탄은 거짓선지자로 하여금 많은 사람들을 미혹하여 짐승의 표를 받고 짐승의 우상에게 경배하도록 하며 사탄의 종들로 만들 것입니다. 그리하여 이같이 적그리스도 통치자를 따르는 모든 자들이 하나님의 진노의 심판을 받아 지옥으로 떨어져 영원히 고통을 받게 되는 것입니다.

일제강점기에도 일제의 강한 압제와 위협에 굴복한 많은 기독교 목사들과 장로들이 일제의 신사참배 예식을 합당화하며 따르기로 가결하였고, 실제로 많은 기독교인들로 하여금 일제 우상을 섬기도록 이끌었습니다. 하지만 하나님은 진실로 회개하지 아니한 그 많은 기독교인들을 심판하셨다고 말씀하셨습니다.

이처럼 마지막 때에도 짐승의 표는 상징이나 영적인 것으로만 잘못 해석하여 마지막 때 적그리스도 세계정부에서 강제법으로 세상 사람들에게 받게 할 베리칩을 짐승의 표와 상관없다고 말하거나 베리칩을 받아도 구원과는 무관하다고 말하는 목사들이 있습니다. 그러나 이것은 짐승의 표와 베리칩에 대해 잘못 알고 있어서 분별하지 못하기 때문입니다.

현재 베리칩에는 이미 짐승의 표의 기능을 다 갖고 있어서 받게 되면 더욱 죄악된 길로 가게 되며 적그리스도 세력은 베리칩의 상당한 편리함과 유익을 부각시켜서 이 세상에 정착시키고 대중화시킬 것입니다.

그리고 마침내 적그리스도 세계 정부 시대가 되면 짐승의 표의 기능을 다하여 전 세계 수많은 사람들을 통제하고 우상 숭배로 이끌 것입니다. 그때가 오기까지 많은 목사들조차 짐승의 표로 쓰이는 베리칩을 합당화하며 본인들도 받고 다른 수많은 기독교인들도 베리칩을 받도록 이끌 것임을 주님이 알려주셨습니다.

그리하여 그들은 결국 하나님의 계명을 어기고 우상 숭배로 이끌며 온갖 죄악을 범하는 사탄의 종들이 되고 말 것입니다. 이것은 마지막 때 많은 목사들이 사탄에게 속아 거짓 선지자로 전락할 일인 것입니다. 그러므로 베리칩을 짐승의 표와 상관없다고 말하거나 베리칩을 받아도 구원과 무관하다고 말하는 목사들을 따르지 마십시오. 설령 다른 부분에서 은혜가 있다 할지라도 베리칩을 받으면 사탄의 종노릇하다가 멸망하기 때문입니다. 그러므로 짐승의 표를 받은 자들은 결코 돌이킬 기회가 없음을 우리는 명심해야 됩니다.

짐승의 표는 마치 현대판 선악과인 것입니다. 선악과를 따 먹은 것은 그 자체가 하나님의 명령을 어긴 죄악이요, 이것으로 말미암아 심판과 죽음이 온 것입니다. 그처럼 짐승의 표를 받은 자는 하나님의 심판을 받는 죄악을 범하는 것이요 영원한 사망 고통에 이르게 됩니다.

주님은 오래 전부터 지금에 이르도록 짐승의 표를 받지 말 것을 성경을 통해서 강력히 증거하고 계시며 짐승의 표는 이 세상에 베리칩으로 실제 나타나며 작용할 것임을 보여주시고 알려 주셨습니다.

그러나 어떤 사람들은 말하기를 지금은 대환란 후삼년 반인 적그리스도 세계 정부 시대가 아닌데 현재 베리칩이 짐승의 표가 되는지 궁금하다고 합니다. 그것은 앞서 제시한 증거들처럼 현재 베리칩이 짐승의 표의 기능을 다 갖고 있는 짐승의 표가 되기 때문입니다.

지금은 사회 전반에 걸쳐서 편리하고 유익한 기능들을 이용하여 선택적으로 받게 하고 정착시키고 대중화시키면서 더욱 더 심화 기능을 시험하고 있는 시기입니다. 그리고 나중에 크기가 더 작아지고 모양이 달라지고 기능이 더 강화되는 등 더욱 첨단화 될 수는 있으나 현재의 베리칩을 가지고서도 얼마든지 나중에 짐승의 표의 기능을 다하여 쓸 수 있으며 실제로 베리칩을 받은 사람들에게 각종 질병들과 심한 부작용들이 일어나고 있습니다.

또한 저희에게 알려주신 주님의 말씀과 환상과 깨달음 등의 계시 또한 충분히 주셨기 때문에 현재의 베리칩은 짐승의 표인 것을 직시하시고 지금부터 받아서는 안 된다는 것을 명심하시기 바랍니다.

　그리고 오해하지 말아야 될 것은 짐승의 표로 쓰이는 베리칩을 받지 않기만 하면 구원받는 것이 아닙니다. 구원은 하나님 앞에서 진실로 회개하고 예수님을 자신의 구주로 모시고 하나님 말씀 뜻대로 순종하는 참된 믿음으로 받는 것입니다. 그러므로 예수님을 참되게 믿으시고 짐승의 표인 베리칩을 받지 마시기 바랍니다.

열한 번째:
교회들의 배도가 점점 더 많아지고
세계적인 현상이 되는 징조

데살로니가 후서 2장 1~3절 말씀을 보면 예수님의 재림 전에 교회들의 배도가 있을 것임을 말씀해 주고 있습니다.

> "형제들아 우리가 너희에게 구하는 것은 우리 주 예수 그리스도의 강림하심과 우리가 그 앞에 모임에 관하여 혹 영으로나 혹 말로나 혹 우리에게서 받았다 하는 편지로나 주의 날이 이르렀다고 쉬 동심하거나 두려워하거나 하지 아니할 그것이라. 누가 아무렇게 하여도 너희가 미혹하지 말라. 먼저 배도하는 일이 있고 저 불법의 사람 곧 멸망의 아들이 나타나기 전에는 이르지 아니하리니"
>
> (살후 2:1~3)

이 말씀대로 예수님의 재림 전에 먼저 교회들의 배도가 있게 되는 것입니다.

근래에 와서는 가면 갈수록 기독교, 불교, 이슬람교, 힌두교, 무속신앙 등 종교들 간에 점점 더 많은 대화와 교류를 하고 있는 것이 사실입니다. 성탄절이나 석가탄신일 같은 날에는 기독교인들과 불교인들 사이에 서로 축하해 주고 방문해서 서로의 의식을 따르는 단체들도 나타나고 있습니다.

그들은 타종교와의 대화와 교류를 통해 충돌을 피하고 평화로운 삶을 가져올 수 있다고 말합니다. 또한 타종교를 통해서도 얼마든지 구원받을 수 있는 것처럼 말합니다. 심각한 것은 세계적인 교회 목회자들조차 이와 같은 언행을 하는 자들이 나타나고 있다는 것입니다.

그러나 이것은 위장된 거짓 평화와 거짓 구원의 길인 것입니다. 왜냐하면 참된 구원과 참된 평화는 오직 예수 그리스도를 통해서만 실현되는 것이기 때문입니다.

또한 이러한 타종교와의 교류와 포용은 기독교의 본질에서 벗어난 종교 연합주의, 종교 다원주의, 종교 혼합주의로 나아가게 하는 잘못된 것이며, 대화와 화해라는 명목하에 타종교들과 타협하면 이것은 기독교가 타락과 배도의 길로 나가게 되는 것입니다.

이같이 죄악된 길로 행하는 대표적인 단체가 WCC(세계교회협의회)입니다. 이 단체에 가입하여 활동하는 많은 기독교 교파 교단의 지도자들은 이것의 실상을 분별하지도 못하고 있으며 많은 교회들을 잘못된 길로 이끌고 있습니다.

특히 적그리스도 세력인 프리메이슨(Free Mason)과 일루미나티 (Illuminati)는 URO(종교연합기구)와 천주교, WCC, WEA(세계복음연맹) 등을 통해 종교연합과 종교혼합을 추진하고 있으며 궁극적으로 이것은 마지막 때 적그리스도 세계 정부 우상 종교로 가기 위한 사전 작업 과정인 것입니다. 결국 이것을 깨닫지 못하고 속아 넘어가는 교회 지도자들이 마지막 때 거짓 선지자들로 전락하여 많은 사람들을 미혹하게 할 것입니다.

또한 이제는 기독교 여러 교파 교단에서도 낙태와 동성 결혼을 반대하지 않고 용인하기까지 이르렀으며 그 수는 더욱 늘어날 것입니다. 이것은 분명 하나님의 말씀 뜻을 명백히 어기는 마지막 때의 심각한 타락과 배도인 것입니다.

열두 번째:
이스라엘의 중동 평화 조약 준비와
예루살렘 성전 건축 준비 징조

이스라엘이 1948년 5월 14일에 중동 팔레스타인 지역에서 이스라엘 건국을 선포한 이래로 주변 아랍 국가들과 수차례 중동전쟁을 치렀으며 그중에서도 팔레스타인들과의 충돌과 전쟁은 현재도 끝나지 않고 있습니다.

미국과 유럽연합과 유엔과 러시아 등은 이스라엘과 팔레스타인 사이에 충돌과 전쟁을 종식시키고 중동 평화를 위한 평화조약 회담을 추진하고 있습니다.

마지막 때의 적그리스도 통치자는 이스라엘의 중동 평화조약을 성사시킬 것인데 이것은 이미 오래전에 성경에도 예언되어 있는 것입니다.

"그가 장차 많은 사람으로 더불어 한 이레 동안의 언약을 굳게 정하겠고 그가 그 이레의 절반에 제사와 예물을 금지할 것이며 또 잔포하여 미운 물건이 날개를 의지하여 설 것이며 또 이미 정한 종말까지 진노가 황폐케 하는 자에게 쏟아지리라 하였느니

라." (단 9:27)

마지막 때의 적그리스도 통치자는 유럽연합과 미국과 유엔과 러시아와 중동 여러 나라들의 보증하에 이스라엘과 팔레스타인의 평화조약을 완성할 것이며 이후에 예루살렘에는 성전이 지어져 이스라엘 유대교인들이 과거처럼 제사 제도를 부활시킬 것입니다. 이것을 위해 유대교인들은 이미 성전 건축 준비와 제사 제도 준비를 다 해 놓은 상태입니다.

이것은 곧 예수님의 재림이 아주 가깝다는 또 하나의 징조인 것입니다. 그러므로 지금은 우리가 깨어서 예비할 때인 것입니다.

예수님이 곧 오십니다

제3장

너희는 깨어
예비하라

예수님의 재림을 준비하라

(2007. 3. 31.)

오늘 저는 누군가의 방문을 받고 천국으로 이끌림받았습니다. 놀라운 천국을 이번에는 둘러볼 시간조차 없이 저는 천사의 재촉으로 하나님 보좌 앞으로 이끌려갔습니다. 그때 보좌에 앉아계신 예수님은 저에게 어떤 잔치 자리를 보여주시면서 말씀하셨습니다.

"전하라, 천국의 모든 혼인잔치 준비는 끝났노라!"

또한 그 후에 저에게 말씀하셨습니다.

"전하라, 이제 내가 갈 날이 얼마 남지 않았노라. 그러니 준비하라!"

또 다시 주님은 저에게 말씀하셨습니다.

"나의 자녀 중 너무나도 준비되지 않은 자녀가 많구나. 또한 나의 자녀라 하는 자 중 내가 올 날을 믿지 않는 자들이 너무나 많구나."

주님은 우리 모두가 다 준비하길 원하십니다. 누구 하나 빠짐없이 높은 사람이나 낮은 사람이나 평범한 사람이나 모두 다 주님 오실 재림을 깨어 준비하기를 원하십니다.

이제 예수님은 오실 날이 얼마 남지 않았다고 말씀하십니다. 천국의 모든 혼인잔치 준비는 끝났다고 말씀하십니다. 이제 재림 전 마지막 은혜의 시간만이 있을 뿐입니다. 그 날과 그 시는 모르지만 늦기 전에 깨어 준비하시기 바랍니다.

마태복음 25장 1~13절 말씀을 보면 예수님은 열 처녀의 비유를 통해서 우리가 평소에 깨어서 성령의 기름 등불을 예비하기를 원하시며 예비된 자들만이 예수님의 천국 혼인 잔치에 참여할 수 있음을 경고하고 있습니다.

"그때에 천국은 마치 등을 들고 신랑을 맞으러 나간 열 처녀와 같다 하리니 그중에 다섯은 미련하고 다섯은 슬기 있는지라. 미련한 자들은 등을 가지되 기름을 가지지 아니하고 슬기 있는 자들은 그릇에 기름을 담아 등과 함께 가져갔더니 신랑이 더디 오므로 다 졸며 잘새 밤중에 소리가 나되 보라 신랑이로다 맞으러 나오라 하매 이에 그 처녀들이 다 일어나 등을 준비할새 미련한 자들이 슬기 있는 자들에게 이르되 우리 등불이 꺼져가니 너희 기름을 좀 나눠달라 하거늘 슬기 있는 자들이 대답하여 가로되 우리와 너희의 쓰기에 다 부족할까 하노니 차라리 파는 자들에게 가서 너희 쓸 것을 사라 하니 저희가 사러 간 동안에 신랑이 오므로 예비하였던 자들은 함께 혼인 잔치에 들어가고 문은 닫힌지라. 그 후에 남은 처녀들이 와서 가로되 주여 주여 우리에게 열어 주소서. 대답하여 가로되 진실로 너희에게 이르노니 내가 너희를 알지 못하노라 하였느니라. 그런즉 깨어 있으라. 너희는 그 날과 그 시를 알지 못하느니라." (마 25:1~13)

여기 보면 신랑 되신 예수님이 오실 것을 알고 맞으러 나간 사람

예수님이 곧 오십니다

은 모두 열 명의 처녀입니다. 그들은 모두 신랑 되신 예수님을 맞이하여 천국 혼인 잔치에 들어가길 원합니다. 하지만 슬기 있어 기름 등불을 예비한 다섯 명의 처녀들은 신랑 되신 예수님을 맞이하여 천국 혼인 잔치에 들어간 반면, 나머지 미련한 다섯 명의 처녀들은 기름 등불을 예비치 아니하므로 신랑 되신 예수님을 맞이하지 못하고 천국 혼인 잔치에도 들어갈 수가 없습니다.

이것은 예수님을 믿는다고 하는 기독교인일지라도 평소에 깨어서 성령의 기름 등불을 예비하지 아니하면 신랑 되신 예수님과 함께 천국 혼인 잔치에 들어가지 못함을 의미하는 것입니다.

뿐만 아니라, 이런 사람들은 오히려 마지막 때의 대환난의 시험에도 남겨지고 지옥으로 떨어질 수도 있음을 명심해야 됩니다. 그러므로 항상 깨어서 성령의 기름 등불을 예비하시기 바랍니다.

"이러므로 너희도 예비하고 있으라. 생각지 않은 때에 인자가 오리라." (마 24:44)

"그런즉 깨어 있으라. 너희는 그 날과 그 시를 알지 못하느니라." (마 25:13)

"깨어있으라. 내가 너희에게 하는 이 말이 모든 사람에게 하는 말이니라 하시니라." (막 13:37)

"그러므로 우리는 다른 이들과 같이 자지 말고 오직 깨어 근신할지라." (살전 5:6)

예수님이 주신 편지

(2008. 1. 19.)

교회에서 제자양육을 끝내고 집에 와서 밤에 기도하는 중에 성령님이 말씀하셨습니다.

"예수님은 우리를 위해 24시간 중보기도하고 계신단다. 예수님이 계신 곳으로 가자."

그리고는 어디론가 갔습니다. 그곳에는 예수님이 울며 기도하고 계셨는데 예수님을 안 믿는 사람들과 불순종하는 자들 때문에 기도하고 계셨습니다. 예수님이 우는 모습을 보니 저도 마음이 아파졌습니다.

예수님은 계속 아버지 하나님께 예수님을 믿지 않는 사람들이 돌아오게 해달라고 기도하시다가 아버지 하나님이 답을 주시고 예수님도 대답하셨습니다.

예수님이 성부 하나님과 대화한 후에 저에게 오셔서 안아주시고 같이 울었는데 예수님이 계속 "사랑한다!"라고 하셨습니다. 그러다 울음을 그치시고 저에게 안수하시고 기도도 해주시고 등도 두드려주셨습니다. 그러다가 엄중하신 목소리로 저에게 말씀하셨습니다.

"내가 말한 것들을 다 네 형제와 교회식구들에게 전하라!"

그래서 제가 예수님이 말씀하신 것들을 받아 적고 이제 여러분에게 전해드립니다.

"사랑하는 나의 자녀들아, 너희 자신을 먼저 되돌아보고 회개하거라. 회개하지 않으면 절대로 천국에 들어올 수 없느니라. 1분 1초를 아끼거라. 0.0000001초도 시간이다. 방심하지 마라. 방심이 곧 죄다. 시간이 없느니라. 때가 너무 악하도다. 이제 곧 내가 세상을 심판하러 속히 올 것이다. 너희는 속히 준비하라! 아직 늦지 않았다.

자신의 모든 것을 다 바쳐 나에게 헌신하는 자에게는 복이 있나니 저희가 천국을 유업으로 받을 것이요 헌신하지 않는 자에게는 화 있을진저 지옥 불을 각오해야 할 것이다. 미지근한 자는 내가 토하여 내치리라. 너희는 핍박을 두려워하지 말고 오직 나만을 두려워하고 경외하거라. 너희들이 욕 듣고, 매 맞고, 핍박받고 있었을 때 내가 그 핍박을 같이 받았다는 것을 너희는 알지어다.

나의 자녀들아, 준비하라! 준비하지 않는 자는 무시무시한 7년 대 환란을 각오하라. 이 환란은 전무후무하느니라. 좁은 문으로 들어가기에 힘쓰라. 나의 신부는 흠도 없고, 점도 없고, 한 점 부끄럼도 없어야 된다! 나의 사랑하는 자녀들아, 내가 너희를 위해 24시간 기도하고 있느니라. 나에게 오지 않고 불순종하는 자들 때문에 내 마음이, 내 가슴이 찢어질 듯 아프노라. 나는 너희를 사랑한다!

기도를 더욱 더 많이 하거라. 기도는 영의 생명줄이니라. 기도를 쉬는 것은 큰 죄다. 항상 기도하기를 게을리 하지 말고 감사와 기쁨으로 하거라. 기도는 나와의 친교요, 대화니라. 확신을 가지거라. 성령님은 절대 긍정의 하나님이시다. 모든 낙심과 불안과 우울과 부정적인 생각은 마귀가 주는 것이다. 마귀를 대적하라. 내가 너희를 지키겠노라. 나의 안에 거하라. 그리하면 아무 문제 없을 것이니라.

진정 성령 충만을 원하느냐? 그러면 네가 지금 얼마나 헌신하고 있는지 점검하라. 더욱 더 성령 충만을 사모하고 기도하라. 그리하는 자에게 내가 성령의 불을 보내줄 것이다.

사랑하는 자녀들아, 항상 나에게 목말라 있고 배고파하라. 그리하는 자에게 내가 생명수를 줄 것이요 생명의 떡을 주리라. 은사를 받았다고 절대로 교만하지 마라. 교만은 지옥 중심에 속하는 악이다. 교만한 자는 절대로 천국에 들어오지 못하리라. 시간이 너무나 없다. 너희는 쓸데없는 짓과 세상 오락으로 시간을 낭비하지 말지어다. 그 시간에 내가 올 수 있다는 것을 명심하라. 내가 올 때 그리한다면 그 사람은 정녕 남겨지리라. 순종하라. 불순종하는 자는 지옥 불에 들어가게 되리라.

나의 사랑하는 제자들이여, 더욱 더 열심히 전도하거라. 말씀을 마음 판에 다 새기거라. 이것을 지켜 순종하고 열매를 맺거라. 이것으로 성령의 열매를 주렁주렁 맺거라. 그 열매를 교회식구와 나를 위해 쓰거라. 너희는 온 천하에 다니며 만민에게 복음을 전파하라! 이것이 내가 너희들에게 준 사명이다. 내가 준 사명을 지켜 행하여 열매를 맺으라. 나는 많이 준 자에게 많이 구할 것이다. 부정은 버려라. 긍정의 하나님이신 성령님께 의지하라.

내가 마지막으로 너희에게 이르노니, 너희는 나의 재림의 길을 예비하라! 나의 길을 평탄케 하라. 세례 요한과 같이 너희도 나의 길을 예비하라. 내가 이외에도 너희에게 말할 것이 아주 많으나 오

예수님이 곧 오십니다

직 이것만을 너희에게 말함은 지금 너희에게 가장 필요한 말들이기 때문이니라. 내가 너희와 항상 함께 있으며 너희의 행동 하나하나와 마음 상태를 보고 있느니라. 이것을 기억하거라.

내가 진실로 진실로 너희에게 이르노니, 내가 이 세상을 심판하러 속히 올 것이다! 그때 준비된 자만이 휴거 받을 것이다! 내가 속히 오리라! 내가 속히 오리라! 내가 너희가 생각하는 것보다 훨씬 더 빨리 올 것이다. 나의 사랑하는 자들아, 내가 올 때 다시 만나자! 너희에게 하나님의 복이 있기를 예수 그리스도의 이름으로 축원하노라. 아멘!"

여기까지가 편지의 내용입니다.

아멘! 할렐루야! 주 예수여 어서 오시옵소서!

우리 다 같이 깨어 준비함으로 주님의 거룩한 신부가 되어서 기쁨과 감사와 영광과 감격으로 주님을 맞이할 수 있길 바랍니다.

"이러므로 너희도 예비하고 있으라. 생각지 않은 때에 인자가 오리라." (마 24:44)

"저희가 사러 간 동안에 신랑이 오므로 예비하였던 자들은 함께 혼인잔치에 들어가고 문은 닫힌지라. 그 후에 남은 처녀들이 와서 가로되 주여 주여 우리에게 열어주소서. 대답하여 가로되 진실로 너희에게 이르노니 내가 너희를 알지 못하노라 하였느니라. 그런즉 깨어 있으라. 너희는 그 날과 그 시를 알지 못하느니라."

(마 25:10~13)

"깨어 있으라. 내가 너희에게 하는 이 말이 모든 사람에게 하는 말이니라 하시니라." (막 13:37)

"그러므로 우리는 다른 이들과 같이 자지 말고 오직 깨어 근신할 지라." (살전 5:6)

"이 모든 것이 이렇게 풀어지리니 너희가 어떠한 사람이 되어야 마땅하뇨. 거룩한 행실과 경건함으로 하나님의 날이 임하기를 바라보고 간절히 사모하라." (벧후 3:11~12)

"그러므로 사랑하는 자들아 너희가 이것을 바라보나니 주 앞에서 점도 없고 흠도 없이 평강 가운데서 나타나기를 힘쓰라." (벧후 3:14)

예수님이 곧 오십니다

너희는 깨어 준비하라

(2008. 2. 15.)

오늘은 평소보다 더 예수님께 갈급했습니다. 예수님을 보고 싶었고, 예수님의 말씀을 듣고 싶어서 제자양육 기도시간에 계속 이 기도만 드렸습니다.

이 기도가 끝나고 찬양을 시작할 때 예수님이 보였습니다. 예수님은 보좌에 앉아 계셨습니다. 저를 포함해서 교회 식구들이 찬양을 부를 때 예수님은 미소를 짓고 계셨습니다. 그리고는 친히 저에게 오셔서 안아주시며 말씀해 주셨습니다.

"사랑한다, 딸아! 울지 마라. 내가 다 보고 있노라. 내가 너를 사랑한다! 너를 사랑하기에 내가 십자가에서 고난을 받았단다. 딸아, 네게 보여주고 싶은 것이 있구나."

저의 두 눈은 이 말씀이 끝남과 동시에 우리 교회에 있는 십자가로 초점이 맞추어지기 시작했습니다. 이때 저에게 환상이 보였습니다. 십자가에는 예수님이 못 박혀 있었습니다. 예수님의 몸에 채찍자국, 십자가에 못 박혀 흐르는 예수님의 피, 그리고 가시 면류관이 보였습니다. 이 모습이 찬양 1곡 끝날 때까지 계속되었습니다. 이 환상이 끝날 때쯤 예수님이 저에게 말씀하셨습니다.

"사랑하는 나의 딸 ○○야, 핍박은 결코 혼자만의 싸움이 아니란다. 천국 백성들, 천사들, 교회식구들, 그리고 하나님 아버지께서 너의 편이란다. 우리 모두가 함께 한단다. 또한 나는 아무리 작은 싸움이라도 패배한 적이 없단다. 단 한 번도 패배하지 않고 이겼단다."

그리고는 다시 저에게 말씀하시며 경고하셨습니다.

"나의 날이 얼마 남지 않았구나. 내가 진실로 속히 오리라! 너희는 깨어 준비하라! 지금이라도 회개하라. 아직 늦지 않았다. 내가 재림하기 전까지 최선을 다해 준비하라! 그렇지 않으면 남겨질 것이다."

그리고는 예수님이 다시 말씀하셨습니다.

"너희는 나의 복음을 전하라. 하나님의 사랑을 전하라. 두려워 말라. 내가 항상 너희와 함께 있을 것이다. 내가 너희를 환란 때에 건지겠고 너희를 크게 들어 쓰리라!"

우리 주 예수님의 재림이 얼마 남지 않았습니다. 빨리 회개합시다. 지금이라도 깨어 준비합시다. 아직 늦지 않았어요. 예수님은 여러분 한 사람 한 사람이 돌아오길 기다리고 계십니다. 여러분 한 사람 한 사람은 예수님께 아주 소중한 존재입니다.

"이러므로 너희도 예비하고 있으라. 생각지 않은 때에 인자가 오리라." (마 24:44)

"그런즉 깨어 있으라. 너희는 그 날과 그 시를 알지 못하느니라." (마 25:13)

"깨어 있으라. 내가 너희에게 하는 이 말이 모든 사람에게 하는 말이니라 하시니라." (막 13:37)

"그러므로 우리는 다른 이들과 같이 자지 말고 오직 깨어 근신할지라." (살전 5:6)

"이 모든 것이 이렇게 풀어지리니 너희가 어떠한 사람이 되어야 마땅하뇨. 거룩한 행실과 경건함으로 하나님의 날이 임하기를 바라보고 간절히 사모하라." (벧후 3:11~12)

"그러므로 사랑하는 자들아 너희가 이것을 바라보나니 주 앞에서 점도 없고 흠도 없이 평강 가운데서 나타나기를 힘쓰라."

(벧후 3:14)

나의 재림이 지극히 가까이 왔으니
근신하여 깨어 있으라

(2008. 4. 6.)

○○언니랑 강대상에서 기도할 때 예수님의 발을 보았습니다. 발을 보기 전에 저는 예수님의 십자가 고난에 대하여 진실로 뜨겁게 생각했습니다. 예수님의 발은 무척 컸습니다. 정확히 몇 센티미터인지는 모르겠습니다. 그 선명한 못 자국, 저는 그것을 보고 즉시 우리에 대한 사랑이 느껴졌습니다.

얼마 지나지 않아 목소리가 들렸는데 그 목소리는 인자하고 파도 같은 예수님의 목소리였습니다.

"너희 모든 염려를 다 주께 맡겨버리라."

그때 걱정이 많았던 저에겐 금보다 귀한 말씀이었습니다. 그리고는 곧바로 주님이 말씀하셨습니다.

"나의 재림이 지극히 가까이 왔으니 근신하여 깨어 있으라!"

마라나타! 아멘! 주 예수여 오시옵소서!

"너희 염려를 다 주께 맡겨버리라. 이는 저가 너희를 권고하심이니라." (벧전 5:7)

예수님이 곧 오십니다

"이러므로 너희도 예비하고 있으라. 생각지 않은 때에 인자가 오리라." (마 24:44)

"그런즉 깨어 있으라. 너희는 그 날과 그 시를 알지 못하느니라." (마 25:13)

"깨어 있으라. 내가 너희에게 하는 이 말이 모든 사람에게 하는 말이니라 하시니라." (막 13:37)

"그러므로 우리는 다른 이들과 같이 자지 말고 오직 깨어 근신할지라." (살전 5:6)

"이 모든 것이 이렇게 풀어지리니 너희가 어떠한 사람이 되어야 마땅하뇨. 거룩한 행실과 경건함으로 하나님의 날이 임하기를 바라보고 간절히 사모하라." (벧후 3:11~12)

"그러므로 사랑하는 자들아 너희가 이것을 바라보나니 주 앞에서 점도 없고 흠도 없이 평강 가운데서 나타나기를 힘쓰라." (벧후 3:14)

준비하세요! 회개하세요!

(2008. 10. 16.)

목요일 야간 자율 학습을 마치고 학교 언덕을 내려오던 중에 저는 한 음성을 들었습니다. 처음에는 아주 작은 소리여서 신경 쓰지 않고 걷고 있었는데 점점 그 소리가 커지더니 "준비하세요! 준비하세요!"라고 반복적으로 들려왔습니다.

저는 이상하게 여기면서 버스 정류장 앞에 서 있었습니다. 그 소리는 점점 하늘 위로 올라가는 듯했고 이젠 소리가 하늘로부터 땅으로 떨어지는 듯했습니다. 그때부터 그 소리가 주님이 주시는 소리란 걸 알았습니다.

차를 타고 집에 오는 가운데에도 "준비하세요! 회개하세요!"라고 계속해서 소리가 들려왔습니다. 그렇게 집까지 도착해서 엘리베이터를 탔고 위를 올려다봤습니다. 그러자 엘리베이터 천장이 사라지고 하늘이 보였습니다.

환상 가운데 예수님은 재림하실 준비를 끝마치시고 땅을 가리키시며 천사들에게 내려가라고 명령하셨습니다. 그러자 엄청난 수의 천사들이 땅으로 내려와 "준비하세요! 회개하세요!"라고 긴급하게 사람들에게 외쳤고 그에 못지않게 많은 천사들이 예수님의 재림의

예수님이 곧 오십니다

길을 빛으로 아름답게 예비하고 있었습니다.

엘리베이터 문이 열리면서 환상이 끝났고 심장이 두근거렸습니다. 주님의 때가 가까이 왔음이 더욱 더 피부로 와 닿았습니다. 얼마나 가까운지, 얼마나 지금이 은혜의 시간이며 얼마나 긴박한지….

여러분은 예수님의 재림을 맞을 준비가 되어 있으신가요? 저는 이 음성과 환상을 듣고 보면서 열 처녀의 비유(마 25:1~13)가 생각났습니다.

> "저희가 사러 간 동안에 신랑이 오므로 예비하였던 자들은 함께 혼인잔치에 들어가고 문은 닫힌지라. 그 후에 남은 처녀들이 와서 가로되 주여 주여 우리에게 열어주소서. 대답하여 가로되 진실로 너희에게 이르노니 내가 너희를 알지 못하노라 하였느니라. 그런즉 깨어 있으라. 너희는 그 날과 그 시를 알지 못하느니라." (마 25:10~13)

예비한 자들의 축복과 기쁨은 말로 다 표현할 수 없을 것입니다. 하지만 예비하지 않은 자들의 그 후회와 그 후에 닥쳐올 수많은 고통과 시련 또한 말로 다 표현할 수 없을 것입니다.

주님은 우리에게 "준비하라! 준비하라!" 하시며 주님의 재림과 휴거 준비를 위한 수많은 시간과 기회를 주시고 계십니다. 하지만 대환난 전 휴거 순간은 단 한 번뿐임을 마음에 깊이 새겨 예수님의 재림과 휴거를 깨어 준비하시기 바랍니다.

너희들은 얼마나 준비하고 있느냐?

(2008. 10. 22.)

새벽 공부와 기도를 마치고 잠이 들었습니다. 잠이 들자마자 어둠이 깔리고 몸이 아래로 깔려 내려가는 느낌이 들더니 눈앞에 지옥 음부 같은 곳이 보였습니다. 그리고 그곳에서는 사탄과 부하들이 둘러앉아 작전회의 중에 이렇게 말하고 있었습니다.

"준비해야 돼, 준비해야 돼."

또 사탄과 부하들은 엄청난 무기들을 만들고 있었습니다. 지구에서 흔히 볼 수 있는 칼과 총, 핵무기들, 그리고 설명하기 어려운 무기들인데 더 무시무시하게 생겼습니다. 그 무기들 옆에는 '7년 대환난 고통 리스트'가 있고 사탄과 부하들 몇몇이 그 리스트 주위에 앉아 항목 하나하나를 가리키며 "준비해, 준비해."라고 말했습니다. 그 리스트에는 '핵전쟁, 전쟁, 기근, 식량부족' 등 끝이 보이지 않을 정도로 긴 내용의 고통들이 적혀져 있었습니다.

그렇게 그 리스트를 본 사탄의 부하들에게는 무기들이 지급되었고 그들은 때를 기다리며 군대를 정비하고 있었습니다. 그 모습을 보자 마음속에서 성령님의 음성이 들려 왔습니다.

"너희들은 얼마나 준비하고 있느냐? 너희들의 준비하는 것보다

예수님이 곧 오십니다

저들의 준비가 더 열심으로 이루어지고 있단다."

이 음성에 저는 주님께 죄송한 마음만 들었습니다. 그리고 더욱 열심으로 깨어 주님의 재림을 준비해야겠다는 생각이 절실했습니다.

7년 대환난의 고통은 끝이 보이지 않을 정도로 처절합니다. 여러분은 주님의 재림을 위해 준비하고 계십니까? 정결함으로 깨어 예수님의 거룩한 신부단장을 하고 계십니까?

"깨어 준비하라."

이 말씀을 어떤 이들은 오해합니다. 깨어 준비하라는 이 말씀은 은신처를 만들고 짐을 싸며 비상식량을 준비하라는 얘기가 아닙니다.

7년 대환난에 남겨질 경우에는 얼른 이렇게 할 필요가 있을 것입니다. 그때는 곧 적그리스도 세계정부 시대로 들어갈 것이기 때문에 현금을 비상식량 등으로 바꾸어 은신처를 구할 필요가 있을 것입니다.

그러나 지금 깨어 준비하라는 말씀은 모든 욕심과 집착을 버리고 근심과 걱정도 내려놓고, 예수님을 뜨겁게 사랑하고 기다리는 순결한 신부로 단장하라는 것입니다. 또한 지금 당장이라도 예수님의 부르심에 즉각 나아가는 자가 되도록 생각과 마음이 예수님과 주님의 일에 집중하라는 것입니다.

만약 여러분이 이 세상을 좋아하고 세상을 즐기고 있거나 욕심이 있거나 세상의 헛된 영광을 따라가느라 바쁘게 살다 보면 설령 교회를 다니고 예수님의 재림에 대해 지식으로 알고 있을지라도 예수님의 거룩한 신부로 단장되지 못하고 휴거되지 못할 것입니다.

"깨어 준비하라." 이 말씀은

"거룩한 행실과 경건함으로 하나님의 날이 임하기를 바라보고 간 절히 사모하라." (벧후 3:11-12)

"그러므로 사랑하는 자들아 너희가 이것을 바라보나니 주 앞에서 점도 없고 흠도 없이 평강 가운데서 나타나기를 힘쓰라." (벧후 3:14)

이 말씀들과 같이 점도 없고 흠도 없는 거룩한 신부로 단장되라는 것인데 이를 위해 날마다 정결하도록 신부예복을 빨아 깨끗하게 하고 우리는 세상에서 즐기는 모든 것을 끊고 예수님을 정말로 뜨겁게 사랑하는 자가 되어야 합니다.

지금 시간이 너무 촉박하게 흘러가고 있습니다. 예수님의 재림은 하루가 지나면 그 하루만큼 임박해 오고 있는 것입니다. 그런데 사람들은 예수님의 재림에 대한 긴박감을 잠시 갖다가도 금방 잊어버립니다. 그래서 하루가 지나면 그만큼 마음이 헤이해집니다. 이런 상태를 우리는 빨리 회개하고 벗어나야 합니다. 그렇기에 기도를 더 깊이, 예수님에 대한 사랑을 더 뜨겁게, 또한 세상에서 즐겼던 오락들을 미련 없이 끊어버리고 오직 예수님과 주님의 일에 초점을 맞추는 신부가 됩시다. 그것이 준비하는 것입니다.

사랑하는 여러분! 꼭 휴거받으세요. 여러분을 예수님의 사랑으로 축복합니다. 할렐루야!

예수님이 곧 오십니다

내 자녀들아 방심하지 말라, 내가 곧 가리라

(2009. 3. 26.)

주님은 저의 눈을 열어 환상을 보여주셨습니다. 주님은 저에게 어느 한 큰 교회를 보여주셨습니다. 그곳에는 많은 사람들이 앉아서 기도하고 찬양하며 열심히 기도하고 예배하고 있었습니다.

그때 주님은 교회 천장에 사람 형상을 한 귀신을 보게 하셨습니다. 그는 교회 전체에 울릴 만큼 크고 섬뜩한 소리로 기도하는 사들을 비웃으며 "그래, 그렇게 열심히 기도해라. 그래, 그렇게 열심히 찬양하고 예배해라. 그러나 재림 준비는 안 된다."라고 말했습니다.

주님이 저에게 보여주신 그 교회는 예수님으로 인하여 구원받고 기도하며 찬양하는 교회이지만 주님의 재림을 예비하여 가르치지 않고 깨어 준비하지 못하는 교회였습니다.

그다음 주님은 저에게 우리 교회를 보여주셨습니다. 그리고 귀신 하나가 또 혼잣말을 하는 것을 보여 주셨습니다. 그는 답답한 듯이 "저들은 기도하는구나. 또 저들은 열심히 찬양하는구나. 또 저들은 재림을 준비하고 있구나. 어떻게 하면 저들을 넘어뜨릴까." 하고 말했습니다.

그리고 얼마 지나지 않아 뭔가 생각난 듯이 "그래, 저들로 기도를 쉬게 하자. 그래, 저들로 찬양하기를 게으르게 하자. 저들로 두렵게 하자. 저들로 근심하게 하자." 하며 기뻐했습니다.

또 그 말이 끝난 지 얼마 못되어 그는 그들의 언어로 그들의 노래를 불렀습니다. "게으른 자는 더욱 게으르게, 나태한 자는 더욱 나태하게, 악한 군대들아 모이라. 저들에게로 가자." 하며 이와 같은 가사로 계속 노래를 불렀습니다.

그때 예수님이 환상 가운데 큰 소리로 말씀하셨습니다.

"내 자녀들아, 방심하지 말라. 내가 곧 가리라!"

"이러므로 너희도 예비하고 있으라. 생각지 않은 때에 인자가 오리라." (마 24:44)

"저희가 사러 간 동안에 신랑이 오므로 예비하였던 자들은 함께 혼인잔치에 들어가고 문은 닫힌지라. 그 후에 남은 처녀들이 와서 가로되 주여 주여 우리에게 열어주소서. 대답하여 가로되 진실로 너희에게 이르노니 내가 너희를 알지 못하노라 하였느니라. 그런즉 깨어 있으라. 너희는 그 날과 그 시를 알지 못하느니라." (마 25:10~13)

"깨어 있으라. 내가 너희에게 하는 이 말이 모든 사람에게 하는 말이니라 하시니라." (막 13:37)

"그러므로 우리는 다른 이들과 같이 자지 말고 오직 깨어 근신할지라." (살전 5:6)

"이 모든 것이 이렇게 풀어지리니 너희가 어떠한 사람이 되어야 마 땅하뇨. 거룩한 행실과 경건함으로 하나님의 날이 임하기를 바라 보고 간절히 사모하라." (벧후 3:11~12)

"그러므로 사랑하는 자들아 너희가 이것을 바라보나니 주 앞에서 점도 없고 흠도 없이 평강 가운데서 나타나기를 힘쓰라." (벧후 3:14)

"그러므로 하나님의 전신갑주를 취하라. 이는 악한 날에 너희가 능히 대적하고 모든 일을 행한 후에 서기 위함이라." (엡 6:13)

"항상 기뻐하라. 쉬지 말고 기도하라. 범사에 감사하라. 이는 그 리스도 예수 안에서 너희를 향하신 하나님의 뜻이니라." (살전 5:16~18)

"너희 염려를 다 주께 맡겨 버리라. 이는 저가 너희를 권고하심이 니라. 근신하라. 깨어라. 너희 대적 마귀가 우는 사자 같이 두루 다니며 삼킬 자를 찾나니 너희는 믿음을 굳게 하여 저를 대적하 라. 이는 세상에 있는 너희 형제들도 동일한 고난을 당하는 줄을 앎이니라." (벧전 5:7~9)

여러분, 예수님이 곧 오십니다. 깨어서 예수님의 재림을 준비할 때입니다. 그런데 혹시 "기도는 이 정도면 됐다. 전도도 이 정도면 됐다."라고 만족하고 있지 않습니까? 혹은 "양육받고 있으니 아무

걱정 없다." 하고는 마음 놓고 있지 않으십니까? 혹은 "교회 모임 매일 가지 않아도 된다. 일주일에 두어 번만 참여해도 괜찮다." 하며 느슨해 있지 않으십니까?

예수님께서는 방심하지 말라고 경고하십니다. 주님께서 곧 오시겠다고 성경과 주님의 여러 종들을 통해 계시를 주십니다. 그러므로 우리가 방심하지 말고 깨어 예비해서 온전한 모습으로, 흠점 없는 모습으로 주님을 맞이할 수 있기를 바랍니다.

주님은 또한 이 환상을 통해 우리에게 여러 가지 중보기도를 명하십니다. 많은 교회들이 예수님의 재림을 기다리며 준비하지 않고 구원받은 것으로만 만족하여 있는 모습 속에 그들이 깨어 있도록, 곧 오실 예수님을 기다리며 준비하는 심령으로 변화되도록, 예수님의 거룩한 신부로 단장되도록 기도하길 명하십니다.

또 예수님의 재림을 깨어 예비하며 기다리는 교회에 대해서는 사탄의 영들이 은밀히 모의하는데, 어떻게 하면 성도들이 깨어 예비하지 못하고 주님의 재림을 기다리지 않고 방심하고 느슨하게 할까, 어떻게 하면 어리석은 다섯 처녀처럼 기름 등불을 준비하지 못하게 할까 하며 전략적으로 성도들을 넘어뜨리려 함을 우리에게 보여 주신 것이며, 우리 또한 전략적으로 기도하며 사탄을 대적해야 됨을 보여 주신 것입니다. 그리하여 방심하지 말고 열심으로 더 뜨겁게 기도하기를 주님은 명하십니다.

함께 다음과 같이 기도하기를 원합니다.

우리를 넘어뜨리려는 사탄의 일과 계획들이 예수님 이름으로 다 무너질지어다! 나를 게으르게 만들려는 악의 힘이 예수님 이름으로 떠날지어다! 게으름과 나태함은 예수님 이름으로 떠날지어다! 예수님 이름으로 불순종의 심령은 떠나가고 순종하고 충성할지어다! 예수님 이름으로 걱정 근심은 떠나가고 평강과 감사로 채워질지어다! 예수님 이름으로 정욕은 떠나가고 성령으로 채움 받을지어다!

나 ○○○는 예수님 이름으로 성령의 의지와 소욕을 따라갈지어다! 예수님 이름으로 악의 군대들이 성령의 불로 파괴될지어다! 예수님 이름으로 방심과 안일함은 제거되고 근신하는 마음으로 채워질지어다! 예수님 이름으로 힘 센 천군 천사들을 교회 성도들에게 파송하노라! 예수님 이름으로 의심과 두려움은 사라지고 믿음과 담대함으로 채워질지어다! 예수님 이름으로 (가슴에 손 대고) 성령님이 주시는 능력과 사랑과 믿음과 근신하는 마음으로 채워질지어다! 예수님 이름으로 (머리에 손 대고) 육신의 생각이 제거되고 나 ○○○는 성령의 생각과 의지를 따라갈지어다!

예수님 이름으로 교회들은 철저히 회개할지어다! 예수님 이름으로 교회들은 예수님의 재림을 깨어 준비할지어다! 예수님 이름으로 교회들은 깨어 근신할지어다! 예수님 이름으로 교회들은 주님의 심령으로 준비할지어다! 예수님 이름으로 깨어 예비하는 교회들이 점점 많아질지어다!

주님께서 축복하여 주심을 감사합니다. 모든 영광을 아버지 하나님 홀로 받으시옵소서. 예수님 이름으로 기도합니다. 아멘! 할렐루야!

지금은 깨어 일어나 준비할 시간입니다

(2009. 10. 6.)

새벽에 저는 주님이 주시는 꿈을 꿨습니다. 어느 때처럼 우리는 이곳저곳으로 다니며 주님이 시키신 일을 하고 있었습니다. 그것은 예수님의 십자가 사랑의 일이며 기도와 전도와 양육과 봉사였습니다. 이 모든 것이 예수님의 사랑으로 하는 헌신과 섬김이었습니다. 많은 사람들이 지금처럼 먹고 마시고 결혼하고 돈을 벌고 쓰면서 정욕을 좇아 세상살이를 즐기는 삶을 살고 있었습니다.

이 날도 낮에 우리는 어느 도시에서 주님의 일을 하고 있었습니다. 그런데 갑자기 주위에서 깜짝 놀라는 소리들과 하늘을 보라는 외침들이 들려왔습니다. 도시의 많은 사람들이 하늘을 보며 놀라며 소리를 지르고 있었습니다.

저도 하늘을 보자마자 방금 전까지 우리와 함께 있었던 저의 아내가 신령한 아름다운 모습으로 하늘 높이 날아가고 있었습니다. 아내는 너무나 행복하고 감격스러운 모습으로 저와 우리 주위에 있는 사람들을 봤습니다. 저는 아내와 눈을 마주치며 이것이 곧 우리가 기다리고 사모하던 예수님의 공중 재림과 휴거라는 것을 알게 되면서 주님께 말을 했습니다.

"주님, 저는 어떻게 되나요?"

이 말이 끝나자마자 저 역시 너무나 신기하고도 놀라운 신령한 모습으로 변화되었습니다. 그리고는 곧장 하늘 높이 날아 올라갔습니다. 그리고 저와 함께 했던 사람들이 사방 곳곳에서 올라오고 있었습니다. 이것은 눈 깜짝할 사이에 벌어지고 있었습니다.

우리는 이 세상에 대하여 조금도 미련이 없었습니다. 오직 예수님과 주님의 나라를 향한 사랑과 소망이 가득했습니다. 휴거되기 전 우리의 삶은 육신으로는 이 세상에 잠시 얼마 동안 나그네같이 거하는 삶이요, 심령으로는 예수님과 천국을 사모하며 늘 깨어 준비하는 삶이었습니다.

작년 봄에도 이른 아침에 사람들의 나팔소리와 같은 천사들의 나팔소리와 외침의 소리들을 보며 들었습니다. 천사들은 이집 저집을 돌아다니면서 사람들을 깨우려고 외쳐댔습니다. "사람들이여, 깨어나십시오. 지금은 깨어 일어나 준비할 시간입니다. 어서 준비하세요." 하면서 계속 이곳저곳을 돌아다니며 사람들을 깨워 준비시키려고 했습니다.

저는 이 소리들을 듣고서 곧장 일어나 커튼을 젖히고 창문을 열어서 밖을 쳐다보았지만 밖에는 아무도 없었습니다. 저는 곧 알게 되었습니다. 이것은 사람의 육안과 귀로 보고 들을 수 있는 것이 아니라 하나님이 나의 눈과 귀를 열어주셔서 보고 들으며 깨달아 많은 사람들을 깨워 준비시키기를 원하시는 주님의 섭리였습니다.

사랑하는 형제자매 여러분, 주님의 날이 다가오고 있습니다. 우리는 그 날과 그 시는 모르지만 머지않아 주님이 오신다고 계속 알려주고 계십니다. 예수님은 이제 곧 오십니다. 깨어 준비하십시오.

기회가 다 지나가기 전에 깨어 준비하십시오.

하나님은 우리를 한없이 사랑하셔서 천국에서 예수님의 재림 준비는 다 되었음에도 불구하고 마지막 은혜의 시간을 주고 계십니다. 이 은혜의 시간이 다 지나가기 전에 깨어나 준비하시기 바랍니다.

오직 예수님을 믿고 회개하시며 주님을 절대 사랑하시고 의지하십시오. 오직 예수님과 주님의 일에 집중하시기 바랍니다. 날마다 주님과 친밀한 사랑으로 동행하십시오. 주님은 여러분이 항상 깨어 준비되어 있기를 원하십니다.

"이러므로 너희도 예비하고 있으라. 생각지 않은 때에 인자가 오리라." (마 24:44)

"그런즉 깨어 있으라. 너희는 그 날과 그 시를 알지 못하느니라." (마 25:13)

"깨어 있으라. 내가 너희에게 하는 이 말이 모든 사람에게 하는 말이니라 하시니라." (막 13:37)

"형제들아 때와 시기에 관하여는 너희에게 쓸 것이 없음은 주의 날이 밤에 도적같이 이를 줄을 너희 자신이 자세히 앎이라. 저희가 평안하다, 안전하다 할 그때에 임태된 여자에게 해산고통이 이름과 같이 멸망이 홀연히 저희에게 이르리니 결단코 피하지 못하리라." (살전 5:1~3)

"그러므로 우리는 다른 이들과 같이 자지 말고 오직 깨어 근신할 지라." (살전 5:6)

"주의 약속은 어떤 이의 더디다고 생각하는 것같이 더딘 것이 아니라 오직 너희를 대하여 오래 참으사 아무도 멸망치 않고 다 회개하기에 이르기를 원하시느니라. 그러나 주의 날이 도적같이 오리니 그 날에는 하늘이 큰 소리로 떠나가고 체질이 뜨거운 불에 풀어지고 땅과 그 중에 있는 모든 일이 드러나리로다. 이 모든 것이 이렇게 풀어지리니 너희가 어떠한 사람이 되어야 마땅하뇨. 거룩한 행실과 경건함으로 하나님의 날이 임하기를 바라보고 간절히 사모하라. 그 날에 하늘이 불에 타서 풀어지고 체질이 뜨거운 불에 녹아지려니와 우리는 그의 약속대로 의의 거하는 바 새 하늘과 새 땅을 바라보도다. 그러므로 사랑하는 자들아 너희가 이것을 바라보나니 주 앞에서 점도 없고 흠도 없이 평강 가운데서 나타나기를 힘쓰라." (벧후 3:9~14)

제4장

구원의 시간이 짧아지고 있습니다.
하나님 앞에서 진실로 회개하여
예수님을 구주로 섬기세요

- 지옥에서 본 자원봉사자

- 지옥에서 본 예수님을 떠난 친구들

- 기독교인들 가운데 거짓된 자들

- 교회에 있는 이들마저 나를 저울질하고 있구나!

- 하나님 앞에서 진실로 회개하여 예수님을 구주로 섬기세요

지옥에서 본 자원봉사자

천국에 갔다 오고 나서 곧이어 지옥으로 가게 된 제가 처음 본 분은 예수님이셨습니다. 그 끔찍한 곳에서 제가 살아 있었던 것은 예수님의 크신 은혜임을 감사합니다.

지옥 어느 곳에서 저는 두 명의 사람을 볼 수 있었습니다. 그 중 한 명은 자원 봉사자였으나 예수님을 알지 못하고 지옥에 왔습니다. 예수님은 그때 저에게 말없이 마음속으로 말씀을 전해주셨습니다.

"착한 것만으로 내 나라 천국에 올 수 없다."

그렇습니다. 아무리 사람이 착한들 주님을 진정 모른다면 그것은 헛것입니다.

그 후 저는 다른 곳에서 고통 속에 부르짖는 사람을 보았습니다. 그는 의사였습니다. 그 또한 가난한 자에게 선을 베풀 줄 알았고 세상에서 인정받았으나 예수님을 진정 알지 못하고 지옥에 와 있었습니다. 주님은 아까 전과 같이 마음속으로 말씀을 전해주셨습니다.

"아무리 세상에서 인정받을지라도 아버지께 인정받지 못하면 그것은 헛된 것이라."

아무리 세상에서 좋은 일 하고 인정받으면 뭐하겠습니까? 하나님께 인정받지 못하면 그것은 곧 썩어질 것이요 주님 안에서 쌓은 선이 아니라면 그것 또한 버려질 것입니다.

천국은 정말 아름다운 곳입니다. 반면 지옥 음부는 정말 죽어 사라지고 싶을 정도이나 죽어 사라지지도 못하고 영원토록 고통 받는 그런 끔찍한 곳입니다.

여러분은 천국에 가기를 원할 것입니다. 저 또한 그것을 원합니다. 그리고 누구보다도 주님께서 그것을 원하십니다. 하지만 원해도 가지 못하는 곳이 천국입니다. 또한 착하게 살아도 가지 못하는 곳이 천국입니다. 그곳은 유일하게 예수님을 통해서 갈 수 있습니다.

그런즉 저와 여러분은 오직 예수님만을 구주로 모시고 예수님을 절대적으로 섬기시기 바랍니다. 기회는 항상 있는 것이 아닙니다. 살아 있는 동안 즉 지금이 기회입니다. 여러분 모두가 기회가 있을 때 기회를 잡는 그런 지혜로운 사람이 되기를 바랍니다.

"하나님이 세상을 이처럼 사랑하사 독생자를 주셨으니 이는 저를 믿는 자마다 멸망치 않고 영생을 얻게 하려 하심이니라."

(요 3:16)

"예수께서 가라사대 내가 곧 길이요 진리요 생명이니 나로 말미암지 않고는 아버지께로 올 자가 없느니라." (요 14:6)

"영생은 곧 유일하신 참 하나님과 그의 보내신 자 예수 그리스도

예수님이 곧 오십니다

를 아는 것이니이다." (요 17:3)

"너희는 여호와를 만날 만한 때에 찾으라. 가까이 계실 때에 그를 부르라. 악인은 그 길을, 불의한 자는 그 생각을 버리고 여호와께로 돌아오라. 그리하면 그가 긍휼이 여기시리라. 우리 하나님께로 나아오라. 그가 널리 용서하시리라." (사 55:6~7)

"만일 우리가 우리 죄를 자백하면 저는 미쁘시고 의로우사 우리 죄를 사하시며 모든 불의에서 우리를 깨끗케 하실 것이요."
(요일 1:9)

"보라 지금은 은혜받을 만한 때요 보라 지금은 구원의 날이로다."
(고후 6:2)

지옥에서 본 예수님을 떠난 친구들

　몇 주 전 주일 오후기도 중에 예수님이 저에게 몇몇 아이들에 대한 것을 보여 주신 적이 있습니다. 그때에는 예수님이 말하지 말라고 하셨기 때문에 다른 이에게는 어떤 말도 하지 않았고 저만 알고 있던 것이 있습니다. 예수님이 며칠 전 저에게 그때 본 것을 말하라고 허락해 주셨습니다. 그래서 저는 그때 본 아주 끔찍한 사실을 지금 전하려고 합니다.

　기도 가운데 예수님은 저를 지옥 어느 곳으로 데려가셨습니다. 그곳이 어디인지는 모르겠지만 교회를 떠나간 아이들이 보였습니다. 특별하게도 제 눈에 ○○와 □□가 들어왔습니다.

　귀신은 그들에게 불에 달구어져 아주 뜨거워 보이는 대못 하나를 쥐어주었습니다. 그리고는 그들에게 자신의 관을 만들도록 하였습니다. 그 못이 뜨거웠는지 그들은 자주 그 못을 땅에 떨어뜨렸습니다. 그럴 때마다 귀신들은 그들을 채찍질했고 그들은 계속 관을 만들어야 했습니다.

　그들이 자신의 관을 다 만들었을 때 그들은 멈추지 않고 그 관속에 가시덤불을 넣었고 다음에는 수많은 구더기들을 넣었으며 나중에는 뜨거운 용암으로 보이는 액체를 넣었습니다. 그리고는 그들에게 관에 들어가게 했습니다. 귀신은 그 관을 덮었고 그 관에 나 있는 구멍으로 창 또는 칼로 마구 찔러댔습니다. 그 모습은 정말 말로 표현하기 힘들 정도로 끔찍했습니다. 관 속에 있던 자들은 쉼 없이 비명을 지르고 소리쳤습니다. 그러고 나서 저는 이 환상에서 깼습니다. 예수님이 그때 저에게 말씀하셨습니다.

"나는 네게 모든 것을 보여주지 않았다. 모든 냄새를 네게 맡게 하지 않았고 모든 소리를 듣게 하지 않았으며 모든 것을 보게 하지 않았다."

저는 그 끔찍한 모습을 보니 정말 속이 좋지 않았고 말이 나오지 않았습니다. 하지만 그것은 그들이 회개하지 않으면 사실이 될 일입니다.

주님은 그들이나 다른 어떤 사람도 지옥으로 떨어지는 것을 원치 않으십니다. 사람은 태어나서 이 세상을 떠날 때 절대 지옥만큼은 가서는 안 됩니다. 자기 육신의 목숨을 잃어도 괜찮지만 절대 지옥만큼은 가서는 안 됩니다.

우리는 깨어 있어야 됩니다. 항상 깨어 기도해야 됩니다. 우리가 깨어 기도할 때 주님은 우리의 기도를 들으십니다. 또한 우리는 그들이 늦기 전에 언젠가 회개해서 주님께 돌아올 수 있도록 그들을 위해서 간절히 기도해야 되겠습니다. 깨어 기도하는 것이 우리가 살고 다른 사람들을 살리도록 돕는 것이요, 누구든지 천국으로 갈 수 있는 유일한 좁은 문인 예수님을 끝까지 붙들고 따라간다면 아무도 심판받아 지옥으로 떨어지지 않을 것입니다.

"좁은 문으로 들어가라. 멸망으로 인도하는 문은 크고 그 길이 넓어 그리로 들어가는 자가 많고 생명으로 인도하는 문은 좁고 길이 협착하여 찾는 이가 적음이니라." (마 7:13~14)

"좁은 문으로 들어가기를 힘쓰라. 내가 너희에게 이르노니 들어가기를 구하여도 못하는 자가 많으리라." (눅 13:24)

"예수께서 가라사대 내가 곧 길이요 진리요 생명이니 나로 말미암지 않고는 아버지께로 올 자가 없느니라." (요 14:6)

기독교인들 가운데 거짓된 자들

저는 주일날 주님의 이끄심을 받아 천국으로 가게 되었습니다. 주님은 저를 어떤 곳으로 데려가셨는데 그곳은 천국시민들이 즐거이 쉬며 뛰노는 곳이었습니다. 주일이었기 때문에 모든 사람이 다 주님의 보좌 앞으로 나아가 그곳은 텅 비어 있었습니다. 그곳을 지나 저는 어느 크지 않은 집으로 가게 되었습니다. 그곳은 누구의 집도 아닌 것 같았습니다. 저는 그곳으로 들어가 한 책상 앞에 앉아 있었습니다.

조금 이후 저는 그곳에서 '사랑의 의원'이라 불리던 누가를 만날 수 있었습니다. 그의 머리카락은 갈색이었고 흰옷을 입고 있었습니다. 그는 제 앞으로 와 앉았습니다. 그는 참으로 사랑이 많은 사람처럼 보였고 또 그런 사람이라 저는 믿습니다.

그분은 저를 보시고 책상 위로 2개의 물건을 올려놓으셨는데 하나는 금괴로 보이는 금덩이이고 또 하나는 금화였습니다. 그러더니 그는 그 두 개의 물건을 다 반으로 쪼갰습니다. 그런 후 저에게 자세히 보라고 하였습니다. 자세히 보니 그건 금도 금화도 아니라 단지 돌 위에 도금한 것이었습니다. 그는 저에게 말했습니다.

"이 세상에 그런 자들이 적지 않습니다. 하나님의 성도라 불리는 자들이 그 속은 정금과 같지 못한 자들이 많고 하나님 앞에 거짓된 예배와 거짓으로 대가를 지불하는 자들이 많습니다. 그러나 하나님을 속일 수 있는 자는 없습니다."

이 말씀을 하시고 그분은 자리에서 일어나 가셨고 저 또한 다시 제가 있던 자리로 돌아갔습니다.

'사랑의 의원'이라 불리던 누가가 전해준 말씀은 참으로 중요한 말씀입니다. 지금 교회라 하는 곳에서도 알곡이 있고 가라지가 있습니다. 진정 속까지 정금인 자가 있고 또는 도금된 금 같은 자들도 있습니다. 만일 누구든지 가라지나 도금된 자같이 되어 하나님을 속이려 한다면 그 누구든지 꺼지지 않는 지옥 불에 던져지게 될 것입니다. 또한 하나님 앞에 거짓으로 대가를 지불하고 무언가를 구한다면 그 또한 그렇게 될 것입니다.

다시 말하지만 자신을 잘 점검해보시기 바랍니다. 하나님 앞에서 자신이 알곡인지 가라지인지 잘 판단하시기 바랍니다.

> "너희가 믿음에 있는가 너희 자신을 시험하고 너희 자신을 확증하라. 예수 그리스도께서 너희 안에 계신 줄을 너희가 스스로 알지 못하느냐. 그렇지 않으면 너희가 버리운 자니라." (고후 13:5)

만약 가라지와 같은 자라면 외식과 거짓을 버리고 더 이상 죄와 타협하지 말고 오직 주님 안에서 순종하는 삶을 사시기 바랍니다.

> "나더러 주여 주여 하는 자마다 천국에 다 들어갈 것이 아니요 다만 하늘에 계신 내 아버지의 뜻대로 행하는 자라야 들어

가리라." (마 7:21)

"너희는 나를 불러 주여 주여 하면서도 어찌하여 나의 말하는 것을 행치 아니하느냐. 내게 나아와 내 말을 듣고 행하는 자마다 누구와 같은 것을 너희에게 보이리라. 집을 짓되 깊이 파고 주초를 반석 위에 놓은 사람과 같으니 큰 물이 나서 탁류가 그 집에 부딪히되 잘 지은 연고로 능히 요동케 못하였거니와 듣고 행치 아니하는 자는 주초 없이 흙 위에 집 지은 사람과 같으니 탁류가 부딪히매 집이 곧 무너져 파괴됨이 심하니라 하시니라."
(눅 6:46~49)

"이에 예수께서 무리를 떠나사 집에 들어가시니 제자들이 나아와 가로되 밭의 가라지의 비유를 우리에게 설명하여 주소서. 대답하여 가라사대 좋은 씨를 뿌리는 이는 인자요 밭은 세상이요 좋은 씨는 천국의 아들들이요 가라지는 악한 자의 아들들이요 가라지를 심은 원수는 마귀요 추수 때는 세상 끝이요 추수꾼은 천사들이니 그런즉 가라지를 거두어 불에 사르는 것같이 세상 끝에도 그러하리라. 인자가 그 천사들을 보내리니 저희가 그 나라에서 모든 넘어지게 하는 것과 또 불법을 행하는 자들을 거두어 내어 풀무불에 던져 넣으리니 거기서 울며 이를 갊이 있으리라. 그때에 의인들은 자기 아버지 나라에서 해와 같이 빛나리라. 귀 있는 자는 들으라." (마 13:36~43)

"세상 끝에도 이러하리라. 천사들이 와서 의인 중에서 악인을 갈

라내어 풀무불에 던져 넣으리니 거기서 울며 이를 갊이 있으리라."
(마 13:49~50)

"스스로 속이지 말라. 하나님은 만홀히 여김을 받지 아니하시나니 사람이 무엇으로 심든지 그대로 거두리라. 자기의 육체를 위하여 심는 자는 육체로부터 썩어진 것을 거두고 성령을 위하여 심는 자는 성령으로부터 영생을 거두리라." (갈 6: 7~8)

교회에 있는 이들마저 나를 저울질하고 있구나!

금요일 기도시간에 환상을 보았는데 저울이 하나 놓여 있고 어떤 사람이 와서 여러 가지 물건들을 올려놓더니 저울에서 휘익 돌아서 어디론가 가버리는 것이었습니다. 그러고 나서 주님의 음성이 들려왔습니다.

"어찌 나와 세상 것을 저울로 재고 비교할 수 있겠느냐? 그러나 세상에 있는 사람들뿐 아니라 교회에 있는 이들마저 나를 저울질하고 있구나!"

주님은 깊게 탄식하시는 목소리로 말씀하시고 그 저울을 보이지 않는 손으로 다 부숴버리셨습니다.

여러분, 만약 여러분 중 누구라도 예수님과 세상 사이에 재고 계산하고 있는 분이 있다면 지금 당장 그 저울을 부숴 버리시고 저울이 있던 자리를 예수님으로 가득 채우셔야 됩니다. 주님은 우리가 주님과 세상 사이에서 저울질 하는 모습을 결코 기뻐하지도 용납하지도 않으십니다.

누가복음 16장 13절에 예수님은 다음과 같이 말씀하셨습니다.

"집 하인이 두 주인을 섬길 수 없나니 혹 이를 미워하고 저를 사랑하거나 혹 이를 중히 여기고 저를 경히 여길 것임이니라. 너희가 하나님과 재물을 겸하여 섬길 수 없느니라." (눅 16:13)

누구든지 돈을 사랑하고 재물을 추구하면서 동시에 예수님을 따라갈 수 없습니다. 누구든지 이 세상의 복을 추구하면서 동시에 예수님의 말씀대로 살 수가 없습니다. 누구든지 이 세상의 부귀영화를 위해 살면서 동시에 예수 그리스도를 주님으로 섬길 수는 없는 것입니다. 누구든지 자기 마음대로, 자기 생각대로, 자기감정대로, 자기가 원하는 대로, 자기 기준대로, 자기 판단대로 살아가면서 동시에 하나님을 주인으로 섬길 수는 없는 것입니다. 오직 하나님의 말씀 뜻대로 살아야 예수님을 통해 구원과 영생을 얻을 수 있는 것입니다.

"이 세상이나 세상에 있는 것들을 사랑치 말라. 누구든지 세상을 사랑하면 아버지의 사랑이 그 속에 있지 아니하니 이는 세상에 있는 모든 것이 육신의 정욕과 안목의 정욕과 이생의 자랑이니 다 아버지께로 좇아 온 것이 아니요 세상으로 좇아 온 것이라. 이 세상도, 그 정욕도 지나가되 오직 하나님의 뜻을 행하는 이는 영원히 거하느니라." (요일 2:15~17)

그러므로 우리는 자기 정욕대로 세상을 따라 살 것이 아니며 자기를 중심으로 자기의 영광을 위하여 살 것도 아니고 오직 예수님을 구주로 받들어 섬기며 하나님 말씀 뜻대로 살아야 되겠습니다.

하나님 앞에서 진실로 회개하여
예수님을 구주로 섬기세요

예수님이 초림사역하실 때 가장 먼저 하신 말씀은 "회개하라 천국이 가까웠느니라." (마 4:17)와 "때가 찼고 하나님 나라가 가까웠으니 회개하고 복음을 믿으라." (막 1:15)였습니다.

이 말씀처럼 지옥가지 않고 진실로 구원받고 천국에 들어가려고 하는 자는 누구든지 먼저 회개해야 됩니다. 왜냐하면 모든 사람은 죄를 범하였고 죄의 삯은 사망이요 심판과 지옥 유황 불 못이며 참된 회개가 없는 구원과 천국은 존재하지 않기 때문입니다. (마 4:17, 막 1:15, 눅 5:32, 롬 3:23, 롬 6:23, 계 20:14~15)

진실로 회개하여 예수 그리스도의 복음을 믿는 자는 예수님을 진실로 자신의 구주로 영접하고 모든 죄악을 끊어버리고 회개에 합당한 선한 열매를 맺으며 예수님을 주님으로 섬깁니다. (눅 6:43~49, 행 2:36~41)

예수님을 주님으로 섬기는 자는 자기 자신이 주인이 아니라, 그리고 자기가 하고 싶은 데로 사는 것이 아니라, 예수님의 삶을 본받으면서 주님 말씀 뜻대로 순종하여 살고자 힘씁니다. 하나님 앞에서 진실로 회개하고 예수 그리스도의 복음을 따르는 사람은 하나님이 성령으로 거듭나게 해주시며 하나님의 자녀가 되어 천국에 들어갈 수 있도록 해 주십니다. (요 1:12~ 13, 요 3:3~8)

그러나 교회에 출석한다 할지라도, 성경 말씀을 많이 안다 할지라도, 심지어 교회 생활을 오래한 직분자라 할지라도, 스스로 기독교인이라 말할지라도, 그 사람이 진실로 회개하지 아니하면 하나님의 자녀가 된 것이 아닙니다. 이런 사람은 스스로 자신이 구원받았다고 믿고 말할지라도 아직 하나님의 자녀가 된 것이 아닙니다. 하나님의 자녀는 반드시 회개에 합당한 열매를 맺으며 성령으로 거듭나 예수님의 삶을 본받아 살아가려고 힘씁니다.

사람마다 정도의 차이는 있지만 진실로 회개하고 성령으로 거듭나 하나님의 자녀가 된 사람은 반드시 예수님을 구주로 믿고 의지하며 사랑하고 섬기는 삶을 삽니다. 예수님을 주님으로 모시고 주님 안에서 살고자 하는 것입니다. 바로 이런 사람이 천국에 들어갈 수 있는 하나님의 자녀가 되는 것입니다. (요일 3:7~10, 요일 3:23~24)

하지만 실상 교회 내에서도 아직 하나님의 자녀가 되지 않은 사람들이 많습니다. 만약 이들이 끝까지 주님 안으로 들어가지 않고 주님 밖에 있는다면 이들은 모두 천국에 가지 못하고 지옥에 가게 될 것입니다.

예수님에 대해 안다 할지라도, 예수님을 믿는다 말할지라도, 예수님을 주님으로 모셔서 그 안에 거하지 않는다면, 주님 말씀대로 순종하여 살지 않는다면 그 사람은 알곡이 아니라 가라지요, 양이 아니라 염소로서 원치 않는 지옥에 떨어지고 말 것입니다. (요 15:1~12)

성경에서 이것에 대하여 잘 말해주는 말씀들 중 한 군데를 여러분에게 소개한다면 다음과 같습니다.

"혹이 여짜오되 주여 구원을 얻는 자가 적으니이까. 저희에게 이르시되 좁은 문으로 들어가기를 힘쓰라. 내가 너희에게 이르노니 들어가기를 구하여도 못하는 자가 많으리라. 집주인이 일어나 문을 한번 닫은 후에 너희가 밖에 서서 문을 두드리며 주여 열어주소서 하면 저가 대답하여 가로되 나는 너희가 어디로서 온 자인지 알지 못하노라 하리니 그때에 너희가 말하되 우리는 주 앞에서 먹고 마셨으며 주는 또한 우리 길거리에서 가르치셨나이다 하나 저가 너희에게 일러 가로되 나는 너희가 어디로서 왔는지 알지 못하노라. 행악하는 모든 자들아 나를 떠나가라 하리라."

(눅 13:23~27)

여러분, 여기서 천국 문을 비유한 집문 안으로 들어가지 못한 자들이 집주인인 예수님께 문을 열어달라고 간구합니다. 그들은 집주인인 예수님께 주라고 부르면서 자신들은 주 앞에서 먹고 마셨으며 주는 또한 우리 길거리에서 가르치셨다고 주장합니다.

여러분, 그들은 주 예수님과 함께 먹고 마셨고 주 예수님 앞에서 배웠습니다. 그들은 예수님으로부터 영육간의 은혜들을 받았습니다. 그런데도 예수님은 딱 잘라 말씀하시길 "나는 너희가 어디로서 왔는지 알지 못하노라. 행악하는 모든 자들아 나를 떠나가라 하리라." 하셨습니다.

왜 그들은 구원받지 못하고 버림받습니까? 왜 그들은 천국에 들어가지 못하고 심판의 형벌을 받습니까? 그것은 그들이 진실로 회개하지 않기 때문입니다. 그것은 그들이 주 예수님 말씀 뜻대로 순종하지 않기 때문입니다. 예수님은 말씀하셨습니다.

"나더러 주여 주여 하는 자마다 천국에 다 들어갈 것이 아니요 다만 하늘에 계신 내 아버지의 뜻대로 행하는 자라야 들어가리라."

(마 7:21)

여기서 하늘에 계신 내 아버지의 뜻대로 행하는 자라는 것은 바로 하나님의 말씀 뜻대로 순종하는 자를 말하는 것입니다. 이것은 하나님의 말씀 뜻대로 순종하는 믿음이 없으면 누구든지 천국에 들어갈 수가 없고 원치 않는 지옥으로 떨어진다는 말씀입니다. 이는 마치 영혼 없는 몸이 죽은 것 같이 행하는 순종의 믿음이 없으면 죽은 것이요, 구원을 얻을 수 없는 거짓 믿음이기 때문입니다. (약 2:26)

그러므로 현재 교회에 다니든 다니지 않든 진실로 하나님 앞에서 모든 죄악을 회개하십시오. 단 하나의 죄악도 남김없이 회개하십시오. 왜냐하면 회개하지 않는 죄악이 단 한 개라도 있으면 그것으로도 지옥가기에 충분하기 때문입니다. (롬 6:23)

그리고 예수님을 자신의 구원자와 주님으로 모시고 섬기시기 바랍니다. 예수님의 말씀대로 순종하시기 바랍니다. 그리하면 주님이 성령으로 거듭나게 해 주시고 하나님의 자녀로 삼으사 성령의 열매를 맺으며 천국에 갈 수 있도록 준비시키십니다.

본체가 하나님이시고 하나님 아버지의 독생자이신 우리 주 예수 그리스도께서 이 세상에 오신 것은 잃어버린 수많은 죄인들을 찾아 회개케 하시며 구원하려 하심입니다. (눅 5:32, 눅 19:10)

주님은 우리 모두가 죄 가운데 죽고 심판받아 지옥 가는 것을 원치 않습니다. 주님은 우리 모두가 회개하여 죄 용서받고 예수님의

예수님이 곧 오십니다

십자가 보혈의 공로로 구원받기를 원하십니다. (딤전 2:4, 벧후 3:9)

　예수님이 십자가에서 몸 찢기시고 피 흘리시며 이루 다 말할 수 없는 고통 가운데서도 죽기까지 참으신 이유는 우리 죄인들을 사랑하사 구원하시려고 자기 목숨을 수많은 사람들의 죗값을 청산하는 대속물로 주셨기 때문입니다. (마 20:28)

　우리들의 수많은 죗값을 다 갚아주시고 우리로 하여금 의인과 하나님의 자녀가 되어서 지옥에 가지 말고 천국에 들어갈 수 있도록 하기 위해서 예수 그리스도께서 이 세상에 오신 것이요, 십자가에 못 박혀 피 흘리시며 죽으셨고 죽은 자 가운데서 3일 만에 부활하신 것입니다. 그러므로 누구든지 예수님을 믿음으로 자신의 구주로 영접하여 섬기면 예수님의 피 공로로 구원받아 하나님의 자녀로 천국에 갈 수 있게 되는 것입니다. (요 1:12, 요 3:16, 행 2:36)

　그런즉 지옥가지 않고 천국에 가려면 반드시 예수님을 믿음으로 나의 구주로 영접하여 섬기셔야 됩니다. 왜냐하면 천국 가는 길은 오직 한 길 예수님밖에 없습니다. 성경은 이것에 대해 다음과 같이 증거합니다.

> "예수께서 가라사대 내가 곧 길이요 진리요 생명이니 나로 말미암지 않고는 아버지께로 올 자가 없느니라." (요 14:6)

> "다른 이로써는 구원을 얻을 수 없나니 천하 인간에 구원을 얻을 만한 다른 이름을 우리에게 주신 일이 없음이니라 하였더라."
> (행 4:12)

"하나님이 세상을 이처럼 사랑하사 독생자를 주셨으니 이는 저를 믿는 자마다 멸망치 않고 영생을 얻게 하려 하심이니라." (요 3:16)

"예수께서 가라사대 나는 부활이요 생명이니 나를 믿는 자는 죽어도 살겠고 무릇 살아서 나를 믿는 자는 영원히 죽지 아니하리니 이것을 네가 믿느냐." (요 11:25~26)

"그런즉 이스라엘 온 집이 정녕 알지니 너희가 십자가에 못 박은 이 예수를 하나님이 주와 그리스도가 되게 하셨느니라 하니라." (행 2:36)

이 말씀들처럼 우리를 구원하여 천국으로 가게 해 주시는 구주는 오직 예수님밖에 없습니다. 만약 예수 그리스도 외에 구원받고 천국으로 갈 수 있는 방법이나 길이 있다고 믿는 자는 다 거짓된 자들입니다.

불교나 이슬람교나 힌두교나 유교나 도교나 샤머니즘이나 철학이나 사람이나 다른 어떤 종교나 문화나 학문이라도 우리를 구원할 수는 없습니다. 심지어 목사나 교회가 사람들을 궁극적으로 구원할 수 있는 것도 아닙니다. 다시 말해서 목사나 교회를 믿는다고 해서 그것 때문에 구원받는 것이 아닙니다.

사탄, 마귀는 이런 것들을 이용해서 미혹하여 지옥으로 끌고 가고자 하는 것입니다. 그러므로 속지 마시기 바랍니다. 누구든지 예수 그리스도를 주님으로 섬기는 참된 믿음이 없이는 구원받고 천국갈 수 없습니다.

　만약에 예수 그리스도를 주님으로 섬기지 않고서도 구원받고 천국에 갈 수 있다고 하는 자들이나 이들을 좇는 사람들이 끝까지 회개치 않는다면 그들은 반드시 지옥에 가게 됩니다. 여기에는 예외가 없습니다. 비록 목사나 장로나 권사나 집사나 아무 신학자나 자칭 기독교인이라 할지라도 이와 같이 하는 자는 반드시 심판받아 지옥가게 됨을 명심하시기 바랍니다.

제5장

예수님의 재림이 심히 가깝습니다. 하나님 앞에서 진실로 철저히 회개하세요

- 너희는 진실로 철저히 회개하라!
- 심판받아 지옥가는 자가 너무나 많고 구원받아 천국가는 자가 너무나 적습니다
- 예배에 대한 죄악을 회개하라
- 주일성수에 대한 죄악을 회개하라
- 십일조에 대한 죄악을 회개하라
- 화와 욕의 죄악을 회개하라
- 간음과 이혼에 대한 죄악을 회개하라
- 살인의 죄악을 회개하라
- 물질의 욕심 우상의 죄악을 회개하라
- 자신의 몸을 더럽히는 죄악을 회개하라
- 마술을 용납하는 죄악을 회개하라
- 제사나 추도 추모 예배의 죄악을 회개하라
- 사람 우상의 죄악을 회개하라
- 자기 자신 우상의 죄악을 회개하라
- 탐심의 죄악을 회개하라
- 거짓말의 죄악을 회개하라
- 도적질의 죄악을 회개하라
- 이웃을 미워하거나 사랑하지 않는 죄악을 회개하라
- 원수를 용서하지 않는 죄악을 회개하라
- 비판하거나 정죄하는 죄악을 회개하라
- 예수님의 부활과 재림을 의심하는 죄악을 회개하라
- 성령의 열매를 맺지 못하며 사명과 직분을 열심히 감당하지 않는 죄악을 회개하라

너희는 진실로 철저히 회개하라!

꿈에 선생님과 목사님이 보였습니다. 선생님은 아주 붉은 드레스를 입고 있었고, 목사님은 발까지 끌리는 흰옷을 입고 붉은색 가운을 걸치셨습니다. 그리고 예수님이 보이시는데 금빛 나는 옷을 발에 끌릴 정도까지 입고 계셨고 아름다운 흰색 띠를 두르고 계셨는데 거기에는 '만왕의 왕 만주의 주'라고 써 있었습니다. 예수님이 저에게 말씀하셨습니다.

"이들은 나에게 헌신하고 신실한 나의 자녀이다."

그리고 주님께서 다시 말씀하셨습니다.

"너희들은 나에게 한 점의 부끄럼도, 한 점의 죄도 없어야 한다. 그러나 나의 많은 자녀들이 회개치 않고 있구나. 너희는 회개하라! 또한 항상 자신부터 점검하기 힘쓰라. 점검하지 아니하고 회개치 않으면 내가 오는 날에 들림받지 못하리라. 깨어 기도하라!"

우리 주님은 우리가 항상 자기 자신부터 점검하기를 원하십니다. 이제는 우리부터 회개하고 자신을 점검하는 데 힘써야 됩니다. 그래서 주님 오실 때 흠도 점도 없이 평강 가운데서 나타나도록 예비해야 됩니다. 아멘!

"그러므로 사랑하는 자들아 너희가 이것을 바라보나니 주 앞에서 점도 없고 흠도 없이 평강 가운데서 나타나기를 힘쓰라."

(벧후 3:14)

심판받아 지옥 가는 자가 너무나 많고 구원받아 천국 가는 자가 너무나 적습니다

여러분, 이 세상에서는 수많은 사람들이 태어나서 살다가 죽어 이 세상을 떠나 영원한 세계로 들어갑니다. 영원한 세계는 천국과 지옥으로 나눠지는데 사람이 죽어 심판받아 지옥가게 되면 도저히 그곳에서 구원받을 수 없습니다. 천국으로 갈 수 있는 기회가 영원히 없게 되는 것입니다.

우리가 하나님과 함께 영생복락을 누리려면 반드시 이 세상에서 살 동안 구원받고 천국으로 가셔야 됩니다. 그러나 실상 이 세상에서 구원받고 천국 가는 사람들은 너무나 적습니다. 우리 주님께서도 강조하여 알려주시지만 실제로 천국과 지옥을 체험한 분들의 증험을 보더라도 알 수가 있습니다.

먼저 1979년에 천국과 지옥을 체험하신 하워드 피트만 목사님이 쓰시고 번역된 『플라시보』에 기록된 간증을 짧게 소개해 보면 이렇습니다.

"나는 50명의 성도가 천국으로 들어가는 것을 보았지만 내가 놓친 것은 그 시간대였다. 이 50명의 성도가 지구에서 죽을 때 1,950명의 다른 사람들도 같은 시간대에 죽었다. 즉 2,000명 중 50명만이 천국에 가게 된 것이다. 나머지 1,950명은 그 곳에 없었다. 그들은 어디에 있는가? 오직 2.5%만이 천국을 가는 것이다! 97.5%는 천국을 가지 못했다! 이것이 바로 현 세상의 모습이란 말인가? 지금 세상사람 중 97.5%는 하나님을 만날 준비가 되어있지 않다. 이것이 우리가 현재 처해있는 라오디게아 교회 시대를 그대로 대변한다는 것이다.

오늘날 대부분의 교인들은 입으로만 믿는 자들이고 마음으로 행하는 자들이 아니라는 데 문제가 있는 것이다."

여러분, 하워드 피트만 목사님이 1979년에 천국과 지옥을 봤을 때 지구에서 죽는 사람 중 약 2.5%만이 천국에 들어가는 것을 목격했다고 전하고 있습니다.

당시 세계 인구 중 기독교인의 수가 약 20% 정도라고 할지라도 하워드 피트만 목사님의 증언대로 세계 인구 중 2.5%만 천국에 들어갔다면 결국 당시 기독교인의 약 12.5%만이 천국에 들어갔다는 계산이 나옵니다. 다시 말해서 기독교인 100명 중 약 13명만 천국에 들어가고 나머지 87명은 지옥에 떨어졌다는 계산이 나오는 것입니다.

자, 그럼 이번에는 1987년에 천국과 지옥을 체험한 박용규 목사님의 간증을 짧게 소개하겠습니다.

"지옥의 색깔은 붉은색과 검은색뿐이었습니다. 천사는 '지옥 가는 수와 천국 가는 수가 1,000대 1이다.'라고 했습니다. 그래서 얼마나 교회가 제 사명을 못하면 그럴까? 하는 생각이 들었습니다. 천사가 말하기를 '지옥은 두 종류의 사람들이 오는데 첫째는 불신자들과 우상숭배자들이요, 둘째는 교회를 다녔으나 형식적으로 다니면서 탐욕을 좇아 산 자들이 지옥에 간다.'고 했습니다.

이 글을 읽는 형제자매들이여, 나는 목사로서 책을 만들어 팔아 그 돈으로 학교 셋을 지어 성공한 사람이 되었지만 교만이 하늘을 찌르다가 하나님께 저주를 받아 불구가 된 후에 학교 재산을 국가에 헌납하고 다른 재산은 다 나눠주었습니다. 그 후부터 조그만 집에 살면서 여러분은 나같이 되지 말라고 이 우둔한 입으로 천국을 전하고 있습니다.

나는 신비를 무시한 목사였으나 이제는 신비한 천국과 무서운 지옥을 본 이상 전하지 않을 수 없습니다. 불신자로 살다가 지옥 가는 것은 당연하겠지만 교회 다니다가 지옥 간다면 이 얼마나 슬픈 일입니까?

예수님을 믿으려면 생명 내놓고 예수님을 믿으세요. 그리고 예수님을 따르는 목회자가 되려면 전 소유를 드리고 따르세요.

나는 무서운 지옥에서 수많은 목사, 장로를 만났기에 가는 곳마다 창자가 끊어지는 아픔을 외치다가 탈장이 되어 창자를 25센티를 잘라냈습니다.

죽기 전에 예수님을 잘 믿어야 합니다. 왜냐하면 지옥문은 넓어서 누구나 들어가기 쉽지만 천국문은 너무나 좁아서 들어가기가 어렵기 때문입니다."

여기서 하나님이 천사를 통해 1987년에 박용규 목사님에게 알려주신 바에 의하면 지옥 가는 자와 천국 가는 자의 비율은 1,000:1 이므로 당시 세계 인구 중 0.1%만이 천국에 가고 나머지 99.9%는 지옥에 떨어졌다는 계산이 나옵니다.

그리고 당시 세계 인구 중 약 20%를 기독교인으로 잡고 계산한다면 전체 기독교인 중 약 0.5%만이 천국에 들어가고 나머지 99.5%는 지옥에 떨어졌다는 계산이 나오는 것입니다. 기독교인 1,000명 중 약 5명만이 천국에 들어가고 나머지 995명은 원치 않는 지옥에 떨어졌다는 계산인 것입니다.

그리고 여기 또 한 사람의 간증을 간략히 소개합니다. 이분은 1999년에 하나님의 심판 보좌 앞에 갔었던 집사님입니다.

"나는 그 광경을 보고 너무 떨리고 두려웠지만 도망갈 수도, 꼼짝할 수도 없었다. 방금 내가 보았던 광경은 지옥이었고 심판대 앞에 서 있는 나도 그곳으로 떨어질 것이 뻔했다.

나는 빨리 그 자리에서 회개하고 싶었다.

그러나 육신을 떠난 영은 회개할 수도, 과거를 다시 돌이킬 수도 없었다. 복음성가에도 '재림 나팔 불면 예비할 수 없다'라는 가사가 있듯이 오직 육신이 이 세상에서 살아있을 때만 기회가 있는 것이다.

나는 그곳을 피하고 싶었으나 누구도 피할 수 없는 심판 자리였다. 내가 그 보좌 앞에 서니 보잘 것 없는 나는 그 위엄에 놀라 고개가 절로 숙여졌다. 그분이 내게 무엇인가를 질문하셨고 나는 아주 큰 소리로 대답하였다. 그 순간 식물인간이던 내 몸이 펄쩍 뛰면서 알아들을 수 없는 소리를 지르며 의식이 돌아왔다. 누가복음 8장 55절에 '그 영이 돌아와 아이가 곧 일어나거늘'이라고 기록되었듯이 내 영이 떠났다가 돌아온 것이다. 두렵고 떨림으로 나는 깨어난 후 10개월 동안 가족에게조차 말하지 못한 부분이 있었는데 그것은 수만 명 중에 단 두 사람만 천국으로 들어갔다는 사실이다. 그것은 나를 고통스럽고 두렵게 했다.

예수님이 곧 오십니다

교회를 다니며 직분을 받고 믿는 자라도 항상 힘써야 할 것은 성경에 '너희는 두렵고 떨림으로 구원을 이루라(빌 2:12).' 하신 말씀과 '낙타가 바늘귀로 들어가는 것이 부자가 천국에 들어가는 것보다 쉬우니라(마 19:24).' 하신 말씀을 기억하며 예수를 바로 만나고 바로 믿어야 하는 것이다.

나는 그대로 안락사를 당하고 죽어 지옥으로 떨어질 자였으나 어머니의 믿음과 간절한 기도를 하나님이 들어주시고 긍휼을 베풀어 주셔서 구원을 받았다. 나는 내가 본 이 모든 것이 몇십 년을 들고만 다닌 성경에 기록되어 있다는 것을 그 후에야 알게 되었다.

내 폐는 10%밖에 남아있지 않다. 목에 구멍이 뚫려 있다.

나는 목숨을 걸고 간증하고 복음 전한다.

여러분도 예수님을 믿고 수만 중에 한 명의 천국 대열에 들기 원한다."

여러분, 이와 같이 천국 지옥을 체험한 집사님의 간증에 의하면 수만 명의 죽은 사람 가운데서 단 두 명만이 천국에 들어갈 수 있다는 것입니다.

이것은 당시 세계 인구 중 기독교인의 비율을 약 20%로 잡고 계산한다면 기독교인 수천 명 중 단 한 사람만이 천국에 들어가고 나머지는 다 지옥에 떨어진다는 계산이 나오는 것입니다.

여러분, 수천 명의 기독교인들 중 단 한 사람만이 천국에 들어가고 나머지는 다 지옥으로 떨어졌다면 얼마나 충격적이고 두려운 일입니까? 그 기독교인들 중에는 목사, 장로, 전도사, 권사, 집사, 교사, 성가대원, 학생들 등 많이 있는데 말입니다.

마지막으로, 성옥임 집사님이 받은 예수님의 계시에 대한 간증

중 일부분을 소개합니다.

"넓은 바다에서 고기가 세 마리 튀어 올라오더라구요. 햇빛은 쫙 났지, 물에 놀던 고기가 모래사장에 올라오면 5분 안 가서 죽거든요. 그런데 그때 마음이 그렇게 안타깝더라구요. 저거 죽으면 안 되는데 싶었는데 두리번두리번 하니까 비닐봉지가 하나 있어가지고 그 물을 퍼가지고 살려줬어요.

살려줬는데 조금 여유를 가지고 보니까요, 시골에 가면 논둑에 둠벙샘이라고 하는 게 있습니다. 가물 때 퍼가지고 농사도 짓고 하는데 그 둠벙샘에서 물이 촬촬촬촬 넘치는데 내가 퍼줘서 살린 그 물보다 저 물이 더 좋아요.

아이고 예수님, 내가 너무 조급해서 이 물 가지고 살려줬는데 내가 조금만 더 여유를 가졌더라면 저 좋은 물로 살려줬을 텐데… 하는 마음을 가졌어요.

그러니까 하늘에서 바가지가 하나 내려와 내 손에 딱 쥐어주면서 "네가 가서 한번 퍼 보아라." 하는 거예요. 그래서 내가 가서 물을 퍼 볼라고 바가지를 넣는데요. 갑자기 물이 반으로 줄어버렸고 이끼가 끼어가지고 바가지가 안 들어가는 거예요.

성령께서 하나하나 설명을 해주세요. '넓은 바다에서 뛰어오른 고기는 믿다가 낙심한 형제다. 믿다가 낙심한 형제인데 너희가 물을 줘서 키워야 한다. 그런 사람이 세상에 무수히 많다.'는 것입니다.

그리고 '너 보기에 아름다웠던 저 둠벙샘은 세상 교회다. 네가 볼 때 세상 교회가 좋아 보이지만 나 예수가 볼 때는 썩고 부패했다.'고 하셨습니다.

그래서 제가 '예수님, 그럴 리가 있겠습니까? 내가 볼 땐 좋던데요…' 하니까 그때 내 앞에 지나가는 교회들이 있습니다. 탁탁탁탁 지나고 나니까 '아이고 예수님, 불쌍히 여기소서.'밖에 안 나와요. 그래서 내가 또 질문을 했습니다.

'예수님, 그럴 리가 있겠습니까? 저 큰 교회가 되기까지 믿음 없이 어떻게 했으며 그거 짓는다고 철야도 했을 것이요 금식기도도 했을 것이고 특별 헌금도 했을 것인데 예수님, 왜 안 받으신다고 하십니까?'

물으니까 예수님이 가르쳐주세요. 지금 자기들의 이름을 너무 많이 내고 있다는 거예요, 사람들이. 자기 이름을 나타내지 말라는 것입니다. 예수 나만 증거하라는 것입니다. 그리고 하시는 말씀이 깨끗하지 않다, 썩고 부패했다는 것입니다. 오직 성경 말씀에 하나님의 뜻을 잘 가르쳐서 어떻게 믿으면 천국 오고 잘못 믿으면 지옥 간다는 것을 분명하고 똑똑하고 확실하게 증거해야 한다는 것입니다. 그렇지 아니하면 예수님이 안 받으신다는 거예요.

숫자를 넣지 말라는 것입니다.

교회 크다고 내가 받느냐, 택도 없다는 거예요. 지금 정말 썩고 부패해가지고 예수님이 그때 당시 부른다면 내 앞에 설 자가 없다고 그래요.

하루는 예수님이 보여주시는데 큰 고기 작은 고기가 큰 연못에 있는데 다 죽어가요. 내가 작년에 한탄강에서 물이 오염돼서 고기가 죽은 것을 봤는데 너무 안타깝더라고요. 저렇게 큰 고기들이 죽다니 싶었는데 이날 예수님이 보여주신 것도 이렇더라구요. 큰 고기 작은 고기들이 다 죽어가는 거예요. 그래서 내가 안타까워서 "예수님, 예수님, 저거 큰 고기 작은 고기들이 다 죽어갑니다. 저거 왜 죽습니까?" 하고 물었어요. 예수님이 "왜 죽는가 네 눈을 열어 줄 테니 한번 보아라."라고 하세요. 보니까 물이 더러운 거예요. 그 연못의 물이 더러운 거예요. 그런데 그 물이 뭔지 또 압니까?

그래서 예수님한테 또 물으니까 지금 교회에서 하나님의 말씀으로 깨끗하고 오염되지 않은 말씀을 증거해야 하는데 전부 오염되어서 세상 것을 먹여가지고 큰 고기는 신앙이 큰 사람, 작은 고기는 이제 믿은 사람인데 크거나 작으나 다 죽어간대요, 심령이….

또 우리 성도들을 누에에다 비유하십디다. 저는 시골에서 누에를 키워봤거든요. 누에가 알에서 깨어나가지고 4~5일 먹고 한 잠 자고 또 4~5일 먹고 두 잠 자고 이렇게 넉 잠을 자고 나서 그때부터 뽕을 아주 많이 먹어요. 이렇게 뽕을 한 4~5일 먹고 나서 뭐하냐 하면 전부 배설을 합니다. 자기 먹은 것을 전부 똥오줌으로 다 배설해버리고 올라가서 누에고치를 지어요.

누에고치를 짓는 과정을 보여주시는데 지금 교회에서 뭘 하냐면, 이 누에는 뽕만 먹고 자란다는 거예요. 뽕만 먹고 자라는데 우리 성도들은 하나님의 말씀만 먹고 자라야 하는데 이 목사님들이 세상의 썩어질 것을 가지고 양들을 먹여서 다시는

영혼이 소생하지 못한대요.

그 과정이 뭐냐 하면, 막잠을 자고 나서 이제 깨어나야 하는데 거기다가 뭘 주느냐면, 시골에 가면 초가집 지을 때 일 년 되면 새 지붕을 얹지 않습니까? 그 벗겨낸 썩어질 짚단을 딱 덮어주는 것을 보여주세요.

그래서 예수님한테 물으니까 누에는 뽕만 먹고 살듯이 우리 성도들은 하나님의 말씀만 먹고 자라야 하는데 세상의 썩어질 것까

예수님이 곧 오십니다

지 너무 많이 먹어서 그 영혼들이 다시 소생하지 못하고 깨어나지 못한다는 것입니다.

그러시면서 그때 주시는 말씀이 성도들은 말씀을 충만하게 먹어 가지고 그 말씀을 볼 때마다 잘못한 게 있거든 전부 회개하라는 것입니다, 그때그때…. 그런데 그 누에가 남 잘 때 자야 되고 남 먹을 때 먹어야 되지 그렇지 못하고 올라갈 때 됐는데 아직도 석 잠 자고 있으면 그건 버리지 않습니까?

그래서 우리도 신앙이 어느 정도 자라가지고 심판에 이르지 않도록 신앙이 자라야 한다는 것입니다. 그렇기 때문에 우리가 말씀을 많이 먹고 기도를 많이 하면 신앙이 성장된다는 것입니다.

이제 모든 사람들이 더러운 물에 목욕하는 것을 보여주십니다. 그런데 깨끗한 물은 없어요, 도대체…. 그래서 더러운 물에 들어가서 다 목욕하고 있는 거예요. 난 안 들어가고 있는데 사람들이 왜 안 들어오네요. 그래서 물이 더러워가지고 안 하면 안 했지 더러워서 거기 못 들어가겠다고 하니까, 이것도 안 하면 어디 할 데 있냐는 거예요.

뭐냐 하면 지금 세상 교회가 더럽다는 거예요, 예수님이. 더러운데 거기라도 안 가면 신앙생활을 하지 못하기 때문에 충만하지 못해도, 깨끗하지 못해도 간다는 거예요."

여러분, 이처럼 시간이 가면 갈수록 너무나 많은 교인들과 교회들이 타락하고 죄악 가운데 있으면서도 죄를 깨닫지 못하고 회개하지 않다가 죽어 심판받아 지옥으로 떨어지는 사람들이 너무나도 많은 것이 현실입니다.

우리는 교회만 다니면 천국 갈 수 있는 것이 아닙니다. 예수를 믿는다고 말만 하면 천국 갈 수 있는 것이 아닙니다. 세례만 받으면 천국 갈 수 있는 것이 아닙니다. 성경 말씀을 많이 배우고 많이 안다고 해서 천국 갈 수 있는 것도 아닙니다. 또한 교회 직분자만 되면 천국 갈 수 있는 것도 아닙니다.

이런 것들이 다 있을지라도 하나님 앞에서 진실로 다 회개하지 않는다면 그 회개하지 않는 죄 때문에 천국 가지 못하고 지옥 가게 되는 것입니다. 회개하지 않은 죄가 하나라도 있다면 그 죄 때문에 심판받아 지옥 가는 것입니다. 왜냐하면 죄의 삯은 사망이기 때문입니다. (롬 6:23)

그러므로 우리는 죄를 하나도 남김없이 다 회개해야 됩니다. 진실로 다 회개해야 온전히 용서받습니다. 진실로 다 회개해야 구원받을 수 있습니다. 진실로 다 회개해야만 천국에 갈 수 있는 것입니다. 그런데도 너무나 많은 기독교인들이 진실로 철저히 회개하지 않습니다. 여기서는 그 대표적인 것들을 알려드리겠습니다.

예수님이 곧 오십니다

예배에 대한 죄악을 회개하라

예배드릴 때는 신령과 진정으로 예배드려야 되고 감사와 헌신으로 예배드려야 되는데 딴생각하고 예배에 불필요하거나 방해가 되는 행동을 하면서 집중하지 않습니다. 사람들을 의식하여 형식적으로 외식적으로 예배에 참여합니다.

예배 전에 예배 준비를 할 수 있는데도 딴 일로 바쁘거나 게으름 피우다가 뒤늦게 예배에 참석합니다. 예배 끝나서 있을 일 때문에 시간을 의식하고 그 일을 의식합니다. 예배드릴 때 자신을 드리지 않거나 다 드리지 않습니다. 기도드리거나 찬양드리거나 헌금할 때에도 신령과 진정으로, 감사와 헌신으로 정성껏 드리지 않습니다. 말씀 들을 때도 진지하지 않고 건성으로 듣습니다.

여러분, 이런 예배는 하나님이 싫어하십니다. 이런 예배는 죄악된 예배이므로 하나님이 인정하지 않으시고 받지 않으십니다. 요한복음 4장 24절에 예수님이 말씀하셨습니다.

"하나님은 영이시니 예배하는 자가 신령과 진정으로 예배할지니라."

(요 4:24)

시편 50편 23절은 다음과 같이 말씀합니다.

"감사로 제사를 드리는 자가 나를 영화롭게 하나니 그 행위를 옳게 하는 자에게 내가 하나님의 구원을 보이리라." (시 50:23)

로마서 12장 1절 말씀은 이렇습니다.

"그러므로 형제들아 내가 하나님의 모든 자비하심으로 너희를 권하노니 너희 몸을 하나님이 기뻐하시는 거룩한 산제사로 드리라. 이는 너희의 드릴 영적 예배니라." (롬 12:1)

그러므로 하나님께 신령과 진정으로, 감사와 헌신으로 예배드리시길 바랍니다. 자신의 영혼육을 주님께 다 드리는 진정 살아있는 거룩한 예배를 드리시기 바랍니다.

주일성수에 대한 죄악을 회개하라

주일에는 주일성수해야 되는데 돈 벌려고, 사업이 바쁘다고, 직장 때문에 등등 일을 합니다. 자신의 욕심과 유익을 좇아 매매하며 육신의 즐거움을 위해 오락을 행합니다. 주일인데도 결혼식 있다고, 장례식 있다고, 친목 모임 있다고 등등 주일 예배도 빼먹습니다. 그리고 주일에 예배만 드리고 나면 나머지 시간은 자기가 원하는 대로 어떻게 쓰든 주일 성수에 아무 문제가 없다고 생각합니다. 그래서 교회에서 돌아오고 나면 자기 마음대로, 자기 육신대로 온갖 오락으로 빠지는 사람들이 많습니다.

그러나 여러분, 이런 것들은 모두 주일 성수를 방해합니다. 기독교인들 중 많은 사람들이 흔히 마가복음 2장 27절의 "안식일은 사람을 위하여 있는 것이요 사람이 안식일을 위하여 있는 것이 아니니"라는 예수님의 말씀을 오해합니다.

예수님도 말씀하셨듯이 하나님은 분명 사람을 위하여 안식일을 만드셨습니다. 그러나 그렇다고 사람이 자기 마음대로, 자기 욕심대로 이 날을 써서는 안 되는 것임을 우리는 명심해야 합니다.

주일은 구약의 안식일을 계승하고 발전시켜 회복한 날이고 예수 그리스도의 복음 안에서 거룩히 구별된 주님의 날이므로 특별히 거룩히 구별하여 주님의 일을 해야 되는데 먼저 하나님께 신령과 진정으로, 감사와 헌신으로 예배드려야 됩니다. 그리고 주일에는 주님의 몸된 교회를 위해 봉사하고 이웃들의 구원을 위해 복음 전도하는 것이나 병든 이웃이나 가난한 이웃을 위해 긍휼과 자비로 돌아보는 일이나 사람의 생명과 안전을 위해 보호하는 등 예수님의 사랑으로 선한 좋은 일들을 할 필요가 있습니다.

또한 주일에는 그리스도 예수 안에서 안식해야 되는데 기도와 말씀 묵상, 사랑의 친교로 영적 은혜 나누기, 기독교 관련물 감상, 휴식과 수면 등 세상일에서 벗어나 주님 안에서 안식을 취할 필요가 있습니다. 십계명에도 안식일을 기억하여 거룩히 지키라고 말씀하므로 우리가 주일 성수해야 됨을 알려주고 있습니다.

"안식일을 기억하여 거룩히 지키라." (출 20:8)

주일 성수와 관련된 성경구절을 좀 더 찾아보면 이렇습니다.

"만일 안식일에 네 발을 금하여 내 성일에 오락을 행치 아니하고 안식일을 일컬어 즐거운 날이라, 여호와의 성일을 존귀한 날이라 하여 이를 존귀히 여기고 네 길로 행치 아니하며 네 오락을 구치 아니하며 사사로운 말을 하지 아니하면 네가 여호와의 안에서 즐거움을 얻을 것이라. 내가 너를 땅의 높은 곳에 올리고 네 조상 야곱의 업으로 기르리라. 여호와의 입의 말이니라."

(사 58:13~14)

"그때에 내가 본즉 유다에서 어떤 사람이 안식일에 술틀을 밟고 곡식단을 나귀에 실어 운반하며 포도주와 포도와 무화과와 여러 가지 짐을 지고 안식일에 예루살렘에 들어와서 식물을 팔기로 그 날에 내가 경계하였고 또 두로 사람이 예루살렘에 거하며 물고기 와 각양 물건을 가지다가 안식일에 유다 자손에게 예루살렘에서 도 팔기로 내가 유다 모든 귀인을 꾸짖어 이르기를 너희가 어찌 이 악을 행하여 안식일을 범하느냐 너희 열조가 이같이 행하지 아 니하였느냐

그러므로 우리 하나님이 이 모든 재앙으로 우리와 이 성읍에 내리 신 것이 아니냐 이제 너희가 오히려 안식일을 범하여 진노가 이스 라엘에게 임함이 더욱 심하게 하는도다 하고 안식일 전 예루살렘 성문이 어두워갈 때에 내가 명하여 성문을 닫고 안식일이 지나기 전에는 열지 말라 하고 내 종자 두어 사람을 성문마다 세워서 안 식일에 아무 짐도 들어오지 못하게 하매 장사들과 각양 물건 파 는 자들이 한두 번 예루살렘 성 밖에서 자므로 내가 경계하여 이 르기를 너희가 어찌하여 성 밑에서 자느냐 다시 이같이 하면 내가 잡으리라 하였더니 그 후부터는 안식일에 저희가 다시 오지 아니 하였느니라. 내가 또 레위 사람들을 명하여 몸을 정결케 하고 와 서 성문을 지켜서 안식일로 거룩하게 하라 하였느니라. 나의 하나 님이여 나를 위하여 이 일도 기억하옵시고 주의 큰 은혜대로 나를 아끼시옵소서." (느 13:15~22)

예수님은 안식일에 먼저 하나님 아버지께 신령과 진정으로, 감사 와 헌신으로 예배드렸고 사람들에게 천국 복음을 증거하셨으며 병

든 자들을 고치셨고 가난한 자들을 위하여 자비를 베푸셨으며 아버지 하나님과 성령 안에서 안식하셨습니다. (마 12:1~14, 막 1:21~34, 막 2:23~3:6, 눅 6:1~11, 눅 13:10~17, 눅 14:1~6)

당시 바리새인들과 율법사들 같은 유대교 지도자들은 예수님의 행동을 보고 안식일을 어겼다고 간주했지만 예수님은 안식일을 거룩히 지켰으며 오히려 안식일을 오해하여 잘못 행하는 그들에게 안식일의 참된 의미를 가르쳐주셨습니다. 예수님은 율법을 폐하러 오신 분이 아니라 완전케 하려 오셨습니다(마 5:17). 율법의 마침이 되신 예수님은 주님의 사랑으로 율법을 완성하셨습니다. (롬 10:4, 롬 13:10)

만약 하나님을 사랑한다는 자가 하나님을 향한 사랑의 계명을 지키지 않는다면 그것은 거짓된 것입니다. 또한 당시 제자들도 예수님이 부활하시고 성령님이 강림하신 안식 후 첫날을 구약 율법 시대의 토요일 안식일을 대신하여 주일 안식일로 삼아 이 날에 함께 모여 예배드리고 성찬을 하며 천국 복음의 말씀을 전하고 헌금을 하는 등 거룩히 구별된 신앙생활을 집중적으로 하였습니다. (행 20:7, 고전 16:2, 계 1:10, 골 2:16~17)

우리가 항상 거룩한 신앙생활을 해야 하지만 주일에는 특히 주님과 주님의 일에 집중하여 예수님의 십자가 사랑의 심령으로 거룩한 열매를 맺어야 되는 것입니다. 그러나 오늘날 많은 목회자들부터 평신도들에 이르기까지 주일 성수를 제대로 하지 않고 있어서 회개해야 될 사람들이 많다고 주님은 알려주셨습니다.

주님은 우리에게 주일에 매매하지 말라고 하십니다. 하지만 많은 기독교인들이 주일에 자신의 욕심과 유익을 좇아 매매를 하며 많은 교회들이 선교 기금을 위한다는 명목으로 주일에 교회 안에서 바자회를 열고 자판기를 설치하여 매매하게 하며 식당에서 식권을 매매하게 하고 서점 운영 등으로 매매하게 합니다.

그러나 교회는 우리가 예배드리고 기도하며 성경 공부를 하고 목회 선교를 위한 모임을 가지며 하나님 사랑으로 성도들 간에 친교를 나눌 수 있는 곳입니다. 교회 안에서 매매하는 것은 하나님의 거룩한 성전인 교회의 목적과도 맞지 않습니다. 이것과 관련하여 마가복음 11장 15~18절 말씀을 보겠습니다.

> "저희가 예루살렘에 들어가니라. 예수께서 성전에 들어가사 성전 안에서 매매하는 자들을 내어 쫓으시며 돈 바꾸는 자들의 상과 비둘기 파는 자들의 의자를 둘러엎으시며 아무나 기구를 가지고 성전 안으로 지나다님을 허치 아니하시고 이에 가르쳐 이르시되 기록된바 내 집은 만민의 기도하는 집이라 칭함을 받으리라고 하지 아니하였느냐 너희는 강도의 굴혈을 만들었도다 하시매 대제사장들과 서기관들이 듣고 예수를 어떻게 멸할까 하고 꾀하니 이는 무리가 다 그의 교훈을 기이히 여기므로 그를 두려워함일러라." (막 11:15~18)

본문을 보면 상인들과 순례자들 사이에 예루살렘 성전 안에서 제물 매매와 환전을 위한 시장이 열렸습니다. 여기서 성전 안이라 함은 이방인의 마당이라 하는 성전 뜰이었습니다. 당시 멀리서 오는 순례자들은 제물을 흠점 없이 안전하게 가져오는데 많은 불편함과 어려움이 있었습니다. 또한 평소에 이방인들의 화폐를 사용하는 순례자들이지만 성전세를 내는 데에는 이방인들의 화폐가 부정하게 생각되므로 이방인들의 화폐를 내지 못하고 성전세용 화폐로 환전해서 내야 했기 때문에 자연스럽게 제물 매매와 환전을 위한 시장이 열렸습니다.

그러나 문제가 된 것은 만민이 기도하고 제사드리는 하나님의 성전 안에서 사람들이 매매하는 것을 하나님이 허락하신 적이 전혀 없는데도 상인들과 종교 지도자들이 서로 타협하여, 순례자들의 편의와 하나님께 드릴 제물과 성전세를 위한다는 명목하에, 성전 안에서 매매하고 환전하도록 시장을 열게 했던 것입니다. 그러나 이것은 하나님의 거룩한 성전을 더럽힌 것이요, 그 종교 지도자들과 상인들이 하나님의 거룩한 집을 강도의 굴혈로 만든 것이며, 하나님이 심히 분노하시는 죄악인 것입니다.

그래서 우리 주 예수님은 심히 분노하시고 성전 안에서 매매하는 자들을 내어 쫓으시며 돈 바꾸는 자들의 상과 비둘기 파는 자들의 의자를 둘러 엎으시며 아무나 기구를 가지고 성전 안으로 지나다님을 허치 아니하시고 그 종교 지도자들과 매매하는 자들을 크게 책망하셨던 것입니다.

데살로니가전서 5장 22절 말씀에는 "악은 모든 모양이라도 버리라." 하므로 우리는 하나님의 거룩한 성전인 교회 안에서 매매를 해서는 안 되며 주일에는 매매를 하지 말아야 되는 것입니다.

하나님은 주님의 일을 함에 있어서 돈이 없어서 못하시는 분이 아니십니다. 그런데도 많은 기독교인들이 주일에 자신의 욕심과 유익을 좇아 매매하며 하나님의 성전 안에서 사람들이 매매하는 것을 하나님이 허락하신 적이 전혀 없는데도 많은 목회자들부터 자신의 생각과 판단으로 하나님의 뜻인 양 결정하고 교회 안에서 매매하도록 하는 것은 동기가 설령 좋다 할지라도 그 방법과 과정이 주님 뜻이 아니기 때문에 하지 말아야 되는 것입니다.

교회 목회나 선교를 위해 물질이 필요하면 기도하고 차라리 헌금이나 도움을 부탁하시기 바랍니다. 교회 안에서는 사람들에게 무료로 주셔서 주님이 기뻐하시고 사람들도 주님의 은혜 가운데 유익을 얻도록 하시기 바랍니다.

여러분, 주일성수하지 않는 사람은 기독교인이라고 할지라도 그 잘못되고 죄악된 믿음을 회개하지 않는 이상 천국에 들어올 수 없다고 주님이 알려주셨습니다. 그러므로 여러분, 주일성수하셔서 하나님께 영광드리시고 주님 안에서 영육간에 안식을 누리시며 귀한 성령의 열매들을 맺으셔서 천국에 갈 수 있도록 준비하시길 바랍니다.

이 외에도 많은 죄악들이 수많은 기독교인들 가운데 여전히 남아 있어서 천국 길을 가로막고 지옥 길로 향하도록 만들고 있습니다. 예수님은 이것에 대해 경고하셨습니다.

"나더러 주여 주여 하는 자마다 천국에 다 들어갈 것이 아니요 다만 하늘에 계신 내 아버지의 뜻대로 행하는 자라야 들어가리라." (마 7:21)

"너희는 나를 불러 주여 주여 하면서도 어찌하여 나의 말하는 것을 행치 아니하느냐. 내게 나아와 내 말을 듣고 행하는 자마다 누구와 같은 것을 내게 보이리라. 집을 짓되 깊이 파고 주초를 반석 위에 놓은 사람과 같으니 큰 물이 나서 탁류가 그 집에 부딪히되 잘 지은 연고로 능히 요동케 못하였거니와 듣고 행치 아니하는 자는 주초 없이 흙 위에 집 지은 사람과 같으니 탁류가 부딪히매 집이 곧 무너져 파괴됨이 심하니라 하시니라." (눅 6:46~49)

예수님 보고 "믿습니다." 하고 "주여"라고 부른다 할지라도, 교회 다니고 기독교인이라고 말하며 직분자라 할지라도, 성경을 알고 믿는다고 말할지라도, 예수님의 말씀대로 행하지 않는 자는 구원의 참된 믿음을 가진 자가 아니요, 거짓된 자요, 위선자며 세상의 시험에 무너져 결국 하나님의 심판을 받아 멸망하게 됩니다.

그러므로 예수님 말씀 뜻대로 행하는 구원의 참된 믿음을 가지시길 바랍니다. 그러면 세상의 어떤 시험도 이겨내고 구원의 반열에 들어가게 될 것입니다.

그러면 여기서 우리 기독교인들도 범하거나 범할 수 있는 죄악들을 좀 더 살펴보면서 나에게 해당되는 것들이 있다면 철저히 회개할 수 있길 바랍니다.

십일조에 대한 죄악을 회개하라

주님은 기독교인들 중에 십일조를 도둑질하는 자들이 많다고 하십니다. 십일조는 우리의 소득 중 십분의 일 이상을 거룩히 구별해서 감사와 헌신으로 하나님께 드려야 되는 성물이요 하나님의 거룩한 소유입니다. 그러나 많은 기독교인들이 돈에 욕심을 갖고 십일조로 드려야 될 돈을 아까워 하며 잘못된 자신의 믿음과 욕심의 생각으로 십일조를 하나님께 드리고 있지 않습니다.

여기에는 목회자들 중에 적지 않은 사람들이 잘못 가르치므로 많은 기독교인들이 잘못된 십일조 신앙을 갖도록 부채질하고 있으며 이것 또한 많은 기독교인들이 심판받는 멸망의 죄악 중 하나가 되고 있습니다. 주님은 이들의 피 값에 대하여서 잘못 가르치는 목회자들에게도 책임을 묻겠다 하셨습니다.

잘못 가르치는 목회자들은 흔히 말하길, 예수 그리스도만 믿으면 구원받지, 십일조는 구약시대에는 반드시 드려야 했지만 지금은 드리지 않아도 구원과는 상관없는 것이며 십일조를 드리면 더 축복받고 드리지 않으면 덜 축복받는 것인 양 가르칩니다. 그러나 십일조는 성경에도 말씀하는 것처럼 하나님의 거룩한 소유인 것입니다.

"사람이 어찌 하나님의 것을 도적질하겠느냐. 그러나 너희는 나의 것을 도적질하고도 말하기를 우리가 어떻게 주의 것을 도적질하였나이까 하도다. 이는 곧 십일조와 헌물이라. 너희 곧 온 나라가 나의 것을 도적질하였으므로 너희가 저주를 받았느니라."

(말 3:8~9)

마태복음 23장 23절에도 예수님이 말씀하셨습니다.

"화 있을진저 외식하는 서기관들과 바리새인들이여 너희가 박하와 회향과 근채의 십일조를 드리되 율법의 더 중한바 의와 인과 신은 버렸도다. 그러나 이것도 행하고 저것도 버리지 말아야 할지니라." (마 23:23)

이것은 곧 하나님께 십일조를 드리되 의와 인과 신으로 드리라는 것입니다. 십일조를 드리지 않아도 괜찮다는 뜻이 아닙니다. 십일조는 하나님의 거룩한 소유이므로 반드시 우리가 드려야 되는 것입니다. 예수님을 참되게 믿는 자는 십일조를 의와 인과 신으로 드립니다.

그러나 십일조를 드릴 수 있는데도 드리지 않는 자는 하나님을 경외하지 않는 자요, 하나님을 주인으로 섬기지 않는 자이며 예수님을 참되게 믿는 자도 아닙니다. 이는 하나님보다 자신을 더 사랑하여 자기 욕심으로 하나님의 거룩한 소유를 도둑질하는 자입니다. 이런 자들은 다 그 죄악으로 인하여 심판받아 지옥으로 떨어지고 맙니다.

예수님이 곧 오십니다

진정한 구원의 믿음은 예수님의 사랑으로 우리 주 하나님의 말씀 뜻을 따르는 믿음인 것입니다. 그리고 잘못 가르쳐서 사람들을 멸망케 한 목회자들에게도 하나님의 심판의 화가 임할 것임을 성경도 말씀해 주고 있습니다.

> "예수께서 제자들에게 이르시되 실족케 하는 것이 없을 수는 없으나 있게 하는 자에게는 화로다. 저가 이 작은 자 중에 하나를 실족케 할진대 차라리 연자맷돌을 그 목에 매이우고 바다에 던지우는 것이 나으리라." (눅 17:1-2)

화와 욕의 죄악을 회개하라

예수님은 마태복음 5장 21~26절 말씀에서도 우리에게 심판받을 죄악들에 대해서 경고하고 계십니다.

"옛 사람에게 말한바 살인치 말라. 누구든지 살인하면 심판을 받게 되리라는 것을 너희가 들었으나 나는 너희에게 이르노니 형제에게 노하는 자마다 심판을 받게 되고 형제를 대하여 라가라 하는 자는 공회에 잡히게 되고 미련한 놈이라 하는 자는 지옥불에 들어가게 되리라. 그러므로 예물을 제단에 드리다가 거기서 네 형제에게 원망들을 만한 일이 있는 줄 생각나거든 예물을 제단 앞에 두고 먼저 가서 형제와 화목하고 그 후에 와서 예물을 드리라. 너를 송사하는 자와 함께 길에 있을 때에 급히 사화하라. 그 송사하는 자가 너를 재판관에게 내어 주고 재판관이 관예에게 내어주어 옥에 가둘까 염려하라. 진실로 네게 이르노니 네가 호리라도 남김없이 다 갚기 전에는 결단코 거기서 나오지 못하리라." (마 5:21~26)

여기서 주님은 우리가 다른 사람에게 화를 내거나 미련한 녀석이

예수님이 곧 오십니다

라 하거나 바보, 멍청이라 해도 지옥 형벌 받기에 충분한 죄악이라 말씀하고 계십니다.

　기독교인이라고 해서 이런 죄악의 형벌로부터 면제가 된 것이 아닙니다. 기독교인이라 할지라도 이런 죄악들 또한 회개하고 범하지 않도록 삼가 조심해야 되는 것입니다. 그러므로 화내거나 욕하지 마시기 바랍니다.

간음과 이혼에 대한 죄악을 회개하라

예수님은 간음과 이혼에 대해서도 경고하고 계십니다. 이것과 관련하여 예수님의 말씀을 기록한 성경구절들을 찾아보면 이렇습니다.

> "나는 너희에게 이르노니 여자를 보고 음욕을 품는 자마다 마음에 이미 간음하였느니라." (마 5:28)

> "나는 너희에게 이르노니 누구든지 음행한 연고 없이 아내를 버리면 이는 저로 간음하게 함이요 또 누구든지 버린 여자에게 장가드는 자도 간음함이니라." (마 5:32)

> "내가 너희에게 말하노니 누구든지 음행한 연고 외에 아내를 내어버리고 다른 데 장가드는 자는 간음함이니라." (마 19:9)

그러므로 누구든지 이성을 보고 음욕을 품으면 그것은 간음의 죄악을 범하는 것이며 TV나 영화나 인터넷이나 비디오나 동영상이나 무슨 책이나 무슨 상상을 통해서라도 이성에 대해 음욕을 품으면 간음의 죄를 짓는 것입니다.

요즈음은 결혼하지도 않고 동거하면서 간음하는 사람들도 많으며 인터넷 등을 통해서 음행하는 경우들도 많아지고 있습니다. 그러나 회개치 않고 이런 일을 행하는 자들은 결국 하나님의 심판을 받고 영원한 형벌에 떨어질 것입니다.

> "육체의 일은 현저하니 곧 음행과 더러운 것과 호색과 우상 숭배와 술수와 원수를 맺는 것과 분쟁과 시기와 분냄과 당 짓는 것과 분리함과 이단과 투기와 술취함과 방탕함과 또 그와 같은 것들이라. 전에 너희에게 경계한 것같이 경계하노니 이런 일을 하는 자들은 하나님의 나라를 유업으로 받지 못할 것이요."
> (갈 5:19~21)

> "너희도 이것을 정녕히 알거니와 음행하는 자나 더러운 자나 탐하는 자 곧 우상 숭배자는 다 그리스도와 하나님 나라에서 기업을 얻지 못하리니." (엡 5:5)

그러므로 우리는 일절 깨끗함으로 이성을 대하도록 삼가 조심해야 됩니다.

또한 누구든지 음행한 연고 없이 배우자를 버려 이혼하는 것은 하나님 앞에 심각한 죄인 것입니다. (마 5:32, 갈 5:19~21) 이혼과 관련하여 사도바울이 고린도전서 7장에서 전하는 말씀은 예수님의 말씀에 전혀 위배되지 않습니다.

"혼인한 자들에게 내가 명하노니 (명하는 자는 내가 아니요 주시라) 여자는 남편에게서 갈리지 말고 (만일 갈릴지라도 그냥 지내든지 다시 그 남편과 화합하든지 하라) 남편도 아내를 버리지 말라." (고전 7:10~11)

"혹 믿지 아니하는 자가 갈리거든 갈리게 하라. 형제나 자매나 이런 일에 구속받을 것이 없느니라. 그러나 하나님은 화평 중에서 너희를 부르셨느니라." (고전 7:15)

이 말씀들과 예수님이 직접 하신 말씀들을 종합해 보면 남편과 아내는 배우자가 음행한 연고 외에 절대 스스로 이혼해서는 안 되는 것을 말해 주고 있으며 설령 배우자가 음행하고 회개치 않음으로 갈라서서 이혼하거나 신앙에 대한 배우자의 핍박 등으로 갈리게 되어 이혼 당하게 될지라도 일단은 그냥 독신으로 지내든지 아니면 배우자가 회개해서 화합하기를 원하면 사랑으로 서로 화합할 수 있음을 말해주고 있습니다.

그러나 우리가 살고 있는 이 세상에는 얼마나 많은 잘못된 이혼들이 있습니까? 배우자 사이에 싸움으로 이혼하고 돈 때문에 이혼하고 성격 문제로 이혼하고 하나님 말씀 뜻을 어기면서 이혼하는 사례들이 너무 많습니다. 그리고 나선 간음의 재혼을 하는 경우도 많습니다.

그런데 심각한 것은 기독교인들 가운데서도 이런 잘못된 이혼들과 재혼들이 많다는 것입니다. 만약 이들이 잘못된 이혼과 재혼을 회개하지 않는다면 이 기독교인들 또한 하나님의 심판을 받아 지옥으로 떨어지고 말 것입니다.

살인의 죄악을 회개하라

주님은 우리들에게 살인죄를 짓지 말라고 계속 경고하십니다. 하나님은 십계명에서도 말씀하셨습니다.

"살인하지 말지니라." (출 20:13)

그러나 이 세상에는 매일같이 수많은 살인들이 일어나고 있으며 그중에서도 가장 많은 살인은 바로 낙태로 인한 살인입니다. 우리나라에서만도 1년에 수십 만 건 이상의 낙태가 자행되고 있는 것으로 알려져 있는데 전 세계적으로는 그 수를 헤아릴 수 없을 정도입니다.

사랑이 식고 자기 욕심으로 태아를 낙태시키면서도 이것이 살인죄라는 것을 깨닫지 못하는 자들이 얼마나 많은지 모릅니다. 심지어 우리 기독교인들 가운데서도 많은 낙태가 있어 왔다고 주님은 말씀하셨습니다. 그래서 주님은 이것 때문에 너무나 마음 아파하시고 괴로워하시며 제발 낙태하지 말라고 말씀하십니다.

여러분, 낙태는 하나님을 경외하지 아니하며 예수님의 사랑을 따르지 않는 것입니다. 낙태는 사람의 생명을 경시하는 것이고 자기 욕심의 죄악이며 회개하지 않으면 하나님의 심판을 받을 살인죄인 것입니다. 그러므로 낙태하지 마시기 바랍니다. 낙태로 살인하지 마시기 바랍니다. 만약 본인이 정 키우지 못하겠다면 입양을 통해서라도 생명을 살리시기 바랍니다.

물질의 욕심 우상의 죄악을 회개하라

이번에는 물질의 욕심에 대해서 말씀드리겠습니다. 마태복음 19장 16~26절 말씀을 보면 젊은 부자와 예수님의 대화가 나옵니다.

"어떤 사람이 주께 와서 가로되 선생님이여 내가 무슨 선한 일을 하여야 영생을 얻으리이까. 예수께서 가라사대 어찌하여 선한 일을 내게 묻느냐 선한 이는 오직 한 분이시니라. 네가 생명에 들어가려면 계명들을 지키라. 가로되 어느 계명이오니이까. 예수께서 가라사대 살인하지 말라, 간음하지 말라, 도적질하지 말라, 거짓 증거하지 말라, 네 부모를 공경하라, 네 이웃을 네 몸과 같이 사랑하라 하신 것이니라. 그 청년이 가로되 이 모든 것을 내가 지켰사오니 아직도 무엇이 부족하니이까. 예수께서 가라사대 네가 온전하고자 할진대 가서 네 소유를 팔아 가난한 자들을 주라. 그리하면 하늘에서 보화가 네게 있으리라. 그리고 와서 나를 좇으라 하시니 그 청년이 재물이 많으므로 이 말씀을 듣고 근심하며 가니라. 예수께서 제자들에게 이르시되 내가 진실로 너희에게 이르노니 부자는 천국에 들어가기가 어려우니라. 다시 너희에게 말하노니 약대가 바늘귀로 들어가는 것이 부자가 하나님의 나라에 들어가는 것보다 쉬우니라 하신대 제자들이 듣고 심히 놀라 가로되 그런즉 누가 구원을 얻을 수 있으리이까. 예수께서 저희를 보시며 가라사대 사람으로는 할 수 없으되 하나님으로서는 다 할 수 있느니라." (마 19:16~26)

　　여기서 부자 청년은 예수님을 구주로 여기지 않고 단지 선생으로 보고 있으며 자신은 예수님이 말씀하신 계명을 다 지켰다고 생각합니다. 그러나 실제는 가난한 이웃들을 자신의 몸과 같이 사랑하지 않았으며 물질의 욕심 우상으로 인해서 자신의 소유를 팔아 가난한 이웃들에게 나눠주는 것을 싫어하였고, 예수님을 믿고 의지하지 아니함으로 예수님을 좇을 수도 없었습니다.

　　부자 청년은 그동안 무슨 선한 일을 하므로 영생을 얻으려 하였습니다. 그래서 선한 일을 하는 차원에서 십계명의 계명들을 행하였으며 이웃에게도 어느 정도 선한 일을 함으로써 자기 몸과 같이 사랑했다고 여겼습니다. 그러나 그의 선한 일에는 의와 인과 신이 없었습니다. 사랑의 참된 믿음이 없었던 것입니다. 그저 선한 행위로 인정받고 영생을 얻으려 했습니다. 그래서 선한 행위로서 십일조를 했고 선한 행위로서 가난한 사람들을 도와주기도 했습니다.

　　그러나 부자청년은 하나님을 사랑함으로 참되게 믿고 섬기지 않았으며 가난한 이웃들을 자기 몸과 같이 사랑하지도 않았습니다. 그는 이 세상의 부귀영화를 위해 물질의 욕심을 버리지 않았습니다. 이 물질의 욕심은 예수님을 믿고 따르는 것을 더욱 막아버렸고 참된 사랑과 믿음의 길로 갈 수 없었던 것입니다.

　　이 부자 청년은 성경에 대해서 알았고 하나님에 대해서 알았으며 천국과 지옥이 있음도 알았고 구원받아야만 천국의 영생을 얻는다는 것을 알았습니다. 심지어 이 부자 청년은 자신은 하나님을 믿고 하나님 말씀대로 살고 있다고 믿었습니다. 그러나 그 부자 청년은 진정 하나님을 알지 못했고 성경에서 말하는 하나님의 말씀 뜻도 제대로 깨닫지 못했으며 영생을 얻어 천국으로 가는 길도 깨닫지 못했던 것입니다.

이 세상에서 자기와 자기 가족의 부귀영화를 위하여 물질을 쌓아 놓는 자는 누구든지 그 욕심의 우상죄로 인해서 천국에 들어갈 수 없습니다. 많은 부자들이 이 같은 물질의 욕심 우상죄로 인해서 지옥으로 떨어지고 있습니다. 그래서 예수님이 다음과 같이 말씀하셨습니다.

> "내가 진실로 너희에게 이르노니 부자는 천국에 들어가기가 어려우니라. 다시 너희에게 말하노니 약대가 바늘귀로 들어가는 것이 부자가 하나님의 나라에 들어가는 것보다 쉬우니라."
>
> (마 19 :23~24)

또한 디모데전서 6장 9~10절은 이같이 말씀합니다.

> "부하려 하는 자들은 시험과 올무와 여러 가지 어리석고 해로운 정욕에 떨어지나니 곧 사람으로 침륜과 멸망에 빠지게 하는 것이라. 돈을 사랑함이 일만 악의 뿌리가 되나니 이것을 사모하는 자들이 미혹을 받아 믿음에서 떠나 많은 근심으로써 자기를 찔렀도다." (딤전 6:9~10)

그러므로 돈을 사랑하지 마십시오. 물질을 의지하지 마세요. 물질을 좇거나 의지하면 물질이 우상이 되는 것입니다. 우리는 돈이나 어떤 물질을 좇거나 의지할 것이 아니라 오직 예수님을 좇고 의지해야 되는 것입니다. 만약 기독교인이라도 물질의 욕심으로 재산을 쌓아놓으며 하나님의 나라와 의를 위해 쓰지 않는다면 그 물질의 욕심 우상죄로 인하여 지옥으로 떨어지고 말 것입니다.

　우리는 하나님이 주시는 물질을 내 가족만을 위해서 쓸 것이 아니라 주님의 몸된 교회와 하나님의 구원 역사를 위해서 쓰며 가난하고 불쌍한 사람들을 위해 써야 될 것입니다.

자신의 몸을 더럽히는 죄악을 회개하라

하나님의 성전인 자신의 몸을 더럽혀서 멸망받는 자들이 많은데 술, 담배, 마약, 음란 등은 그 주된 요인이라 할 수 있습니다. 이것에 대한 성경 말씀들을 찾아보면 다음과 같습니다.

"너희가 하나님의 성전인 것과 하나님의 성령이 너희 안에 거하시는 것을 알지 못하느뇨. 누구든지 하나님의 성전을 더럽히면 하나님이 그 사람을 멸하시리라. 하나님의 성전은 거룩하니 너희도 그러하니라." (고전 3:16~17)

"육체의 일은 현저하니 곧 음행과 더러운 것과 호색과 우상 숭배와 술수와 원수를 맺는 것과 분쟁과 시기와 분냄과 당 짓는 것과 분리함과 이단과 투기와 술취함과 방탕함과 또 그와 같은 것들이라 전에 너희에게 경계한 것같이 경계하노니 이런 일을 하는 자들은 하나님의 나라를 유업으로 받지 못할 것이요."

(갈 5:19~21)

"너희도 이것을 정녕히 알거니와 음행하는 자나 더러운 자나 탐

하는 자 곧 우상 숭배자는 다 그리스도와 하나님 나라에서 기업을 얻지 못하리니"(엡 5:5)

"그러므로 땅에 있는 지체를 죽이라. 곧 음란과 부정과 사욕과 악한 정욕과 탐심이니 탐심은 우상 숭배니라. 이것들을 인하여 하나님의 진노가 임하느니라."(골 3:5~6)

그러므로 이러한 것들을 회개하시고 차단하시기 바랍니다.

예수님이 곧 오십니다

마술을 용납하는 죄악을 회개하라

근래에는 기독교인들이 마술을 용납하는 경우들이 많아지고 있습니다. 요즘 교회들과 선교 단체들 중에도 전도와 선교 집회 가운데 마술을 공연하거나 가르치거나 배우도록 하면서 사람들의 호기심과 재미를 자극하여 사람들을 끌어 모으고자 하는 경우들이 있습니다. 이들은 마술을 이용하여 사람들의 마음을 쉽게 열어서 복음 전도하는 기회로 삼고자 한다고 말합니다. 그러나 하나님은 마술을 가증히 여기시며 교회가 마술을 용납하지 말 것을 말씀하십니다.

성경에도 이것에 관하여 증거하는 말씀들이 있습니다. (레 19:26, 신 18:9~14)

"네 하나님 여호와께서 네게 주시는 땅에 들어가거든 너는 그 민족들의 가증한 행위를 본받지 말 것이니 그 아들이나 딸을 불 가운데로 지나게 하는 자나 복술자나 길흉을 말하는 자나 요술하는 자나 무당이나 진언자나 신접자나 박수나 초혼자를 너희 중에 용납하지 말라. 무릇 이런 일을 행하는 자는 여호와께서 가증히 여기시나니 이런 가증한 일로 인하여 네 하나님 여호와께서 그들을 네 앞에서 쫓아내시느니라. 너는 네 하나님 여호와 앞에 완전하라. 네가 쫓아낼 이 민족들은 길흉을 말하는 자나 복술자의 말을 듣거니와 네게는 네 하나님 여호와께서 이런 일을 용납지 아니 하시느니라." (신 18:9~14)

여기서 요술하는 자는 마술하는 자를 포함합니다. 그러므로 하나님이 가증히 여기시는 마술을 교회에 들여오는 것은 설령 전도와 선교의 동기가 있을지라도 그 방법이 잘못된 것입니다.

마술은 사람들의 관심을 끌어 사람들을 모이게는 할 수 있어도 복음을 받아들여 구원받게는 할 수 없으며 교회를 다니더라도 오히려 예수님과 하나님 말씀에서 멀어지게 하는 미혹의 역효과가 있습니다.

또한 하나님은 마술하는 자들을 심판하신다고 성경은 말씀하고 있습니다. (갈 5:19~21, 계 21:8)

"그러나 두려워하는 자들과 믿지 아니하는 자들과 흉악한 자들과 살인자들과 행음자들과 술객들과 우상 숭배자들과 모든 거짓말 하는 자들은 불과 유황으로 타는 못에 참예하리니 이것이 둘째 사망이라." (계 21:8)

여기서 술객들은 마술하는 자들을 포함합니다. 그런데도 어떤 목사들은 이것을 분별하지 못하고 무시하며 자기 임의대로 행하여 많은 사람들을 잘못되게 만들며 교회를 더럽히고 있는 것입니다. 하나님은 이것을 죄 없다 하지 않습니다. 주님은 교회가 마술을 중단하고 차단하라고 말씀하십니다.

제사나 추도 추모 예배의 죄악을 회개하라

　우리나라 기독교인들 중에는 아직도 제사나 추도 예배나 추모 예배를 하는 사람들이 있는데 제사는 우상 숭배이지만 추도 예배나 추모 예배는 괜찮다고 생각하는 사람들도 많습니다. 하지만 제사와 추도 예배와 추모 예배는 우상 숭배 문화요, 우상 숭배인 것입니다.

　"대저 이방인의 제사하는 것은 귀신에게 하는 것이요 하나님께
　제사하는 것이 아니니 나는 너희가 귀신과 교제하는 자 되기를
　원치 아니하노라. 너희가 주의 잔과 귀신의 잔을 겸하여 마시지
　못하고 주의 상과 귀신의 상에 겸하여 참여치 못하리라. 그러면
　우리가 주를 노여워하시게 하겠느냐 우리가 주보다 강한 자냐."
　(고전 10:20~22)

　"지식 있는 네가 우상의 집에 앉아 먹는 것을 누구든지 보면 그
　약한 자들의 양심이 담력을 얻어 어찌 우상의 제물을 먹게 되지
　않겠느냐. 그러면 네 지식으로 그 약한 자가 멸망하나니 그는 그
　리스도께서 위하여 죽으신 형제라. 이같이 너희가 형제에게 죄를

지어 그 약한 양심을 상하게 하는 것이 곧 그리스도에게 죄를 짓는 것이니라." (고전 8:10~12)

"그러나 네게 두어 가지 책망할 것이 있나니 거기 네게 발람의 교훈을 지키는 자들이 있도다. 발람이 발락을 가르쳐 이스라엘 앞에 올무를 놓아 우상의 제물을 먹게 하였고 또 행음하게 하였느니라. 이와 같이 네게도 니골라 당의 교훈을 지키는 자들이 있도다. 그러므로 회개하라.
그리하지 아니하면 내가 네게 속히 임하여 내 입의 검으로 그들과 싸우리라." (계 2:14~16)

"그러나 네게 책망할 일이 있노라. 자칭 선지자라 하는 여자 이세벨을 네가 용납함이니 그가 네 종들을 가르쳐 꾀어 행음하게 하고 우상의 제물을 먹게 하는도다." (계 2:20)

그러므로 이방인의 제사를 따르는 것은 우상 숭배를 범하는 것입니다. 그리고 추도 추모 예배의 유래와 그 의미를 살펴보면 이것이 우상적이며 잘못된 것임을 알 수 있습니다.

1897년 아펜젤러 선교사 등이 당시 발행한 신문인 《조선그리스도인 회보》 9월호에 의하면 최초로 추도 예배를 드린 사람은 이무영이라는 정동감리교회 교인입니다. 그는 궁궐에서 물품을 관리하면서 정3품의 높은 직위에 있었고 윤치호와 함께 독립협회 운동한 사람이기도 합니다. 이무영은 모친 기일이 되어서 어떻게 할까 고민하다가 추도 예배를 착안하여 행하였는데 이것을 다른 교인들이

예수님이 곧 오십니다

좋다고 생각하여 그 이후 이 교회에서 추도 예배를 많이 드렸다고 합니다.

그러던 중 마침내 1934년 감리교 총회에서 추도 예배를 정식으로 인정하였고 구세군과 성결교도 이 영향을 받아 1950년대에 추도식을 공식적 예식으로 받아들였으며 장로교는 1970년대 말에 받아들였습니다.

그런데 문제는 추도 예배는 죽은 자를 생각하고 슬퍼하며 드리는 예배이고 추모 예배는 죽은 자를 생각하고 그리워하며 드리는 예배인데 이것은 공히 죽은 사람을 위하는 예배의 의미가 강한 것입니다.

우리가 드리는 예배의 대상은 오직 하나님 한 분뿐이며 하나님만을 위해서 예배드려야 되는데 죽은 자를 생각하고 위하여 예배드린다는 것은 하나님께 드리는 온전한 예배라 할 수 없습니다.

사실 추도 예배와 추모 예배의 동기를 몇 가지로 살펴본다면 이것은 첫째, 돌아가신 부모 등 자기 가족이나 관계자를 슬퍼하거나 그리워함으로 추도 예배나 추모 예배를 드리게 된 것이고, 둘째, 돌아가신 자기 가족이나 관계자의 죽은 날을 기념하려고 추도 예배나 추모 예배를 드린 것이며, 셋째, 으레 해오던 전통 풍습이요 우상 문화인 제사를 하지 않는 대신 추도 예배나 추모 예배라도 드리지 않으면 불신자 가족들과의 마찰이 더욱 커지고 마치 불효인 양 기독교인인 자신들을 비난하는 불신자 가족들이 있을 수 있으며 전도도 더욱 어려워질 것이라 걱정하고 두려워했기 때문입니다. 그래서 제사와 예배 사이에 어느 정도 타협할 생각을 하여 만든 것이 추도 예배와 추모 예배인 것입니다.

이렇듯 추도 예배와 추모 예배는 예배와 제사를 합친 기독교식 제사 행위라 할 수 있습니다. 사실 죽은 사람들을 위해 추도 예배를 드리든 추모 예배를 드리든 간에 그것은 그 죽은 사람들에게 아무 유익이 없으며 오히려 기독교식 제사 행위인 이런 예배들 중에 귀신들이 역사하고 사람들을 더럽히며 우상 숭배 문화와 우상 숭배로 이끄는 것입니다.

　　그러므로 이미 죽은 사람을 위해서 행하는 제사나 추도 예배나 추모 예배에 참예하는 자는 누구든지 하나님이 진노하시는 우상 숭배죄를 범하는 것입니다. 기독교인들 중에서도 이런 우상 숭배죄로 인하여 지옥으로 떨어지는 자들이 많다고 주님이 알려 주셨습니다. 더욱이 이것을 분별치 못하는 목회자들이 나서서 추도 예배나 추모 예배를 정당화하고 교인들로 하여금 행하도록 서식지를 나눠주기까지 하는 교회들도 많은 것이 사실입니다.

　　그러나 이것은 소경이 소경을 이끌어서 같이 구덩이에 빠지는 격인 것입니다. 왜냐하면 제사나 추도 예배나 추모 예배는 지옥으로 떨어지게 하는 우상 숭배죄를 범하는 것이기 때문입니다. 그러므로 제사나 추도 예배나 추모 예배를 결코 하지 마시기 바랍니다.

사람 우상의 죄악을 회개하라

인류 역사를 살펴보면 사람을 우상화한 일들이 많이 있어 왔습니다. 대표적인 예들을 들어보면 고대 중국의 진시황제가 자신을 우상화했고 고대 로마제국의 도미티안 황제가 자신을 우상화했으며 불교에서는 석가모니를 우상화했고 이슬람교에서는 무함마드를 우상화했으며 20세기 들어서는 많은 독재자들이 자신을 우상화한 것을 알 수 있습니다. 대표적으로 일본 천황과 독일의 히틀러와 소련의 스탈린과 중국의 모택동과 북한의 김일성 등이 있으며 이단들과 사이비 종교들의 교주들도 우상화하는 경우들을 볼 수 있습니다.

이것뿐만 아니라 돌아가신 조상이나 살아계신 부모나 남편이나 왕이나 대통령이나 세계적인 스타나 세계적인 대기업 회장이나 심지어 대형 교회의 담임 목사 등도 얼마든지 우상이 될 수가 있습니다. 예수님보다 이들을 더 사랑하거나 믿고 의지하면 이들이 우상이 되는 것입니다.

예수님을 좇지 않고 이들을 좇으면 이들이 우상이 되며 예수님의 말씀 뜻을 따르지 않고 이들의 말을 따르면 이들이 우상이 되기 때문입니다. 예수님보다 이들에게 우선순위를 두면 이들이 우상이 되고 마는 것입니다.

요한일서 5장 21절 말씀에는 "자녀들아 너희 자신을 지켜 우상에서 멀리하라." 하였습니다.

우상에는 다양한 종류들이 있는데 그 가운데 사람 우상도 있음을 주의하시기 바랍니다. 만약 예수님보다 담임 목사를 바라보고 있다면 사람 우상의 죄악을 회개하시기 바랍니다. 만약 부모의 말이나 남편의 말을 예수님의 말씀 뜻보다도 우선순위로 따르고 있다면 사람 우상의 죄악을 회개하시기 바랍니다.

만약 애인이나 배우자나 세계적인 스타를 예수님보다 더 사랑하거나 믿고 의지한다면 사람 우상의 죄악을 회개하시기 바랍니다. 만약 왕이나 대통령이나 세계적인 대기업 회장을 예수님보다 더 존경하거나 높이고 있다면 사람 우상의 죄악을 회개하시기 바랍니다.

그리고 앞으로는 예수님을 절대 사랑하고 의뢰하시기 바랍니다. 예수님의 말씀 뜻을 절대 순종하시고 깨어 기도하면서 성령으로 행하시기 바랍니다. 그리하면 자기 자신을 지켜 어떤 우상에서도 멀리할 수가 있습니다.

예수님이 곧 오십니다

자기 자신 우상의 죄악을 회개하라

　기독교인이라고 하는 사람들 중에도 자기 자신이 우상인 사람들이 많다고 주님이 알려 주셨습니다. 자기 자신이 우상인 사람은 설령 예수님을 믿는다 하고 하나님을 섬긴다고 생각하고 말할지라도 실제는 하나님을 섬기는 것이 아니라 자기의 신인 자기 자신을 섬기는 사람을 말합니다.

　문제가 심각한 것은 이런 사람은 교만하고 자기중심적이어서 하나님의 말씀도 자기중심적으로 해석합니다. 하나님의 말씀 뜻대로 깨닫는 것이 아니라 자기 자신의 생각과 판단과 원하는 대로 해석하고 행합니다. 그러면서도 자기 자신의 잘못을 깨닫지 못하고 의롭게 생각합니다. 하나님의 의가 아닌 자기의 의로 행하면서 자기 자신의 죄악을 깨닫지 못합니다. 하나님이 우선이고 하나님의 말씀 뜻이 우선인데 자기 자신이 우선이고 자기의 뜻이 우선입니다.

　로마서 10장 2~3절은 다음과 같이 말씀하고 있습니다.

> "내가 증거하노니 저희가 하나님께 열심이 있으나 지식을 좇은 것
> 이 아니라. 하나님의 의를 모르고 자기 의를 세우려고 힘써 하나
> 님의 의를 복종치 아니하였느니라." (롬 10:2~3)

자기 자신의 생각과 판단을 기준으로 옳다고 여기고 나면 아무리 그것과 다른 하나님 말씀 뜻을 들어도 그것을 받아들여 따르기가 어렵습니다. 결국은 자기 자신의 생각과 판단을 기준으로 자기의 의로 행하며 하나님의 말씀 뜻을 순종하지 못하고 고집부리며 나아가다가 사탄 마귀의 종노릇하게 됩니다.

로마서 8장 7~8절은 다음과 같이 말씀합니다.

"육신의 생각은 하나님과 원수가 되나니 이는 하나님의 법에 굴복치 아니할 뿐 아니라 할 수도 없음이라. 육신에 있는 자들은 하나님을 기쁘시게 할 수 없느니라." (롬 8:7~8)

이처럼 하나님의 의를 깨닫지 못하고 자기 자신의 의를 내세우는 행위가 또한 우상 숭배 행위인 것입니다. 이것은 자기 자신의 생각과 판단을 기준으로 삼는 것이 우상이며 곧 자기 자신이 우상이 되어버리고 마는 것입니다. 그러므로 이런 사람은 자기중심적인 교만을 회개하셔야 됩니다. 교만은 지옥 중심에 속한 죄악인 것입니다. 만일 교만을 회개하지 않으면 결국 하나님의 심판으로 멸망하게 됩니다.

"교만은 패망의 선봉이요 거만한 마음은 넘어짐의 앞잡이니라." (잠 16:18)

"하나님이 교만한 자를 대적하시되 겸손한 자들에게는 은혜를 주시느니라." (벧전 5:5)

예수님이 곧 오십니다

그러므로 겸손히 하나님의 말씀 뜻을 구하시고 사랑과 믿음으로
순종하시기 바랍니다.

탐심의 죄악을 회개하라

탐심은 어떤 대상을 욕심으로 가지려고 하거나 취하고자 하는 마음인데 하나님은 십계명을 통해 이것에 대해서 말씀하셨습니다.

> "네 이웃의 집을 탐내지 말지니라. 네 이웃의 아내나, 그의 남종이나 그의 여종이나, 그의 소나 그의 나귀나, 무릇 네 이웃의 소유를 탐내지 말지니라." (출 20:17)

그리고 에베소서 5장 5절 말씀과 골로새서 3장 5~6절 말씀은 다음과 같이 증거합니다.

> "너희도 이것을 정녕히 알거니와 음행하는 자나 더러운 자나 탐하는 자 곧 우상 숭배자는 다 그리스도와 하나님 나라에서 기업을 얻지 못하리니" (엡 5:5)

> "그러므로 땅에 있는 지체를 죽이라. 곧 음란과 부정과 사욕과 악한 정욕과 탐심이니 탐심은 우상 숭배니라. 이것들을 인하여 하나님의 진노가 임하느니라." (골 3:5~6)

그러므로 탐심은 우상 숭배이며 탐하는 자는 우상 숭배자이기 때문에 하나님의 진노의 심판을 받게 됩니다. 그런즉 우리는 돈이나 차나 집이나 땅이나 다른 어떤 재물을 탐해서는 아니 될 것이며 사람을 탐해서도 아니 되고 세상의 인정이나 명예나 권력이나 부귀영화를 탐해서도 아니 되며 쾌락의 정욕이나 어떤 은사나 은혜나 심지어 음식을 탐해서도 아니 될 것입니다.

　우리는 겸손히 하나님이 주시는 것으로 족하게 여기고 감사하며 욕심을 갖지 말고 예수님 안에서 우리의 신분과 분수에 맞는 삶을 살아야 되겠습니다.

거짓말의 죄악을 회개하라

거짓말도 엄연히 지옥 가게 하는 죄인 것입니다. 성경 말씀을 보면 거짓말하는 자는 반드시 하나님의 심판을 받아 지옥에 떨어지고 둘째 사망에 처해진다는 것을 알려주고 있습니다.

"그러나 두려워하는 자들과 믿지 아니하는 자들과 흉악한 자들과 살인자들과 행음자들과 술객들과 우상 숭배자들과 모든 거짓말하는 자들은 불과 유황으로 타는 못에 참예하리니 이것이 둘째 사망이라." (계 21:8)

"무엇이든지 속된 것이나 가증한 일 또는 거짓말 하는 자는 결코 그리로 들어오지 못하되 오직 어린양의 생명책에 기록된 자들뿐이라." (계 21:27)

"개들과 술객들과 행음자들과 살인자들과 우상 숭배자들과 및 거짓말을 좋아하며 지어내는 자마다 성 밖에 있으리라."
(계 22:15)

그리고 하나님은 십계명에서도 "네 이웃에 대하여 거짓 증거하지 말지니라." (출 20:16)라고 말씀하셨습니다.

그러므로 우리는 거짓말해서는 안 되는 것입니다. 남편이나 아내나 부모나 자녀에게 거짓말하지 마시기 바랍니다. 직장생활 할 때나 장사할 때나 사업할 때도 거짓말하지 마시기 바랍니다. 소득 신고나 부동산 매매 신고나 기타 필요한 매매 신고를 거짓으로 하지 마시기 바랍니다. 목사님이나 교회 어느 성도나 누구에게든 거짓말하지 마시고 진솔하고 정직한 말을 하시기 바랍니다.

거짓말은 하나님의 심판을 받아 지옥과 유황불 못에 떨어지게 하는 죄인 것입니다. 기독교인이라 할지라도 거짓말을 회개하지 않는다면 엄중한 하나님의 심판을 받을 것입니다. 그러므로 거짓말 하신 분들은 반드시 회개하시고 앞으로는 진솔하고 정직한 말을 하시기 바랍니다.

———

도적질의 죄악을 회개하라

———

　도둑질 또한 하나님의 엄중한 심판을 받게 하는 죄 중 하나입니다. 하나님은 십계명에서도 이것에 대해 말씀하셨습니다.

　"도적질하지 말지니라." (출 20:15)

　그러나 기독교인들조차 도둑질을 합니다. 도둑질이라고 하면 흔히 남의 돈이나 차나 옷이나 귀금속이나 다른 어떤 물품들을 훔치는 것만 말하는 것으로 생각하기 쉬운데 실은 더 많은 것들과 관련되어 있습니다. 남의 컴퓨터 프로그램을 불법으로 복제하거나 남의 책이나 CD 같은 출판물을 불법으로 복제하거나 음악 파일이나 영화 파일, 정보 파일 같은 자료들을 불법으로 다운로드받거나 복제하는 것도 다 도둑질입니다.

　거리에서 돈을 줍거나 학교에서 학용품을 주웠을 때 주인을 찾아 주려고 하지 않고 자기가 쓰려고 가진다면 그것 또한 도둑질입니다. 직장의 물품이나 사회 기관의 물품들을 허락 없이 몰래 쓰는 것도 도둑질이며 세금을 탈세하는 것도 도둑질입니다. 그리고 무엇보다 하나님의 영광이나 하나님의 거룩한 소유를 가로채는 것은 심각한 도둑질입니다.

　이런 모든 도둑질을 회개하지 않는다면 아무리 기독교인이라 할지라도 하나님의 엄중한 심판을 면할 수가 없습니다. 그러므로 우리는 하나님 앞에서 항상 참되고 정직해야 하며 도둑질해서는 안 되겠습니다.

이웃을 미워하거나 사랑하지 않는 죄악을 회개하라

우리는 이웃을 미워하지 말고 사랑해야 됩니다.

"우리가 형제를 사랑함으로 사망에서 옮겨 생명으로 들어간 줄을 알거니와 사랑치 아니하는 자는 사망에 거하느니라. 그 형제를 미워하는 자마다 살인하는 자니 살인하는 자마다 영생이 그 속에 거하지 아니하는 것을 너희가 아는 바라." (요일 3:14~15)

"빛 가운데 있다 하며 그 형제를 미워하는 자는 지금까지 어두운 가운데 있는 자요 그의 형제를 사랑하는 자는 빛 가운데 거하여 자기 속에 거리낌이 없으나 그의 형제를 미워하는 자는 어두운 가운데 있고 또 어두운 가운데 행하며 갈 곳을 알지 못하나니 이는 어두움이 그의 눈을 멀게 하였음이니라." (요일 2:9~11)

"사랑하는 자들아 우리가 서로 사랑하자. 사랑은 하나님께 속한 것이니 사랑하는 자마다 하나님께로 나서 하나님을 알고 사랑하지 아니하는 자는 하나님을 알지 못하나니 이는 하나님은 사랑이심이라." (요일 4:7~8)

"하나님이 우리를 사랑하시는 사랑을 우리가 알고 믿었노니 하나님은 사랑이시라. 사랑 안에 거하는 자는 하나님 안에 거하고 하나님도 그 안에 거하시느니라." (요일 4:16)

"누구든지 하나님을 사랑하노라 하고 그 형제를 미워하면 이는 거짓말하는 자니 보는 바 그 형제를 사랑치 아니하는 자가 보지 못하는바 하나님을 사랑할 수가 없느니라. 우리가 이 계명을 주께 받았나니 하나님을 사랑하는 자는 또한 그 형제를 사랑할지니라." (요일 4:20~21)

그리고 마태복음 25장 31~46절 말씀을 보면 불쌍한 지극히 작은 이웃을 사랑으로 돌본 자는 예수님의 인정과 칭찬을 받으며 천국의 상급을 받습니다. 그러나 불쌍한 지극히 작은 이웃을 사랑으로 돌보지 않은 자는 예수님의 엄중한 심판을 받고 영벌에 처해짐을 알 수 있습니다.

"인자가 자기 영광으로 모든 천사와 함께 올 때에 자기 영광의 보좌에 앉으리니 모든 민족을 그 앞에 모으고 각각 분별하기를 목자가 양과 염소를 분별하는 것같이 하여 양은 그 오른편에, 염소는 왼편에 두리라. 그때에 임금이 그 오른편에 있는 자들에게 이르시되 내 아버지께 복받을 자들이여 나아와 창세로부터 너희를 위하여 예비된 나라를 상속하라. 내가 주릴 때에 너희가 먹을 것을 주었고 목마를 때에 마시게 하였고 나그네 되었을 때에 영접하였고 벗었을 때에 옷을 입혔고 병들었을 때에 돌아보았고 옥에 갇혔을 때에 와서 보았느니라. 이에 의인들이 대답하여 가로되 주여 우리가 어느 때에 주의 주리신 것을 보고 공궤하였으며 목마르신 것을 보고 마시게 하였나이까. 어느 때에 나그네 되신 것을 보고 영접하였으며 벗으신 것을 보고 옷 입혔나이까. 어느 때에 병드신 것이나 옥에 갇히신 것을 보고 가서 뵈었나이까 하리니 임금이 대답하여 가라사대 내가 진실로 너희에게 이르노니 너희가 여기 내 형제 중에 지극히 작은 자 하나에게 한 것이 곧 내게 한 것이니라 하시고 또 왼편에 있는 자들에게 이르시되 저주를 받은 자들아 나를 떠나 마귀와 그 사자들을 위하여 예비된 영영한 불에 들어가라. 내가 주릴 때에 너희가 먹을 것을 주지 아니하였고 목마를 때에 마시게 하지 아니하였고 나그네 되었을 때에 영접하지 아니하였고 벗었을 때에 옷 입히지 아니하였고 병들었을 때와 옥에 갇혔을 때에 돌아보지 아니하였느니라 하시니 저희도 대답하여 가로되 주여 우리가 어느 때에 주의 주리신 것이나 목마르신 것이나 나그네 되신 것이나 벗으신 것이나 병드신 것이나 옥에 갇히신 것을 보고 공양치 아니하더이까. 이에 임금이 대답하여 가라사대 내가 진실로 너희에게 이르노니 이 지극히 작은 자 하나에게 하지 아니한 것이 곧 내게 하지 아니한 것이니라 하시리니 저희는 영벌에, 의인들은 영생에 들어가리라 하시니라." (마 25:31~46)

그리고 예수님은 심지어 원수도 사랑하라고 말씀하셨습니다.

"나는 너희에게 이르노니 너희 원수를 사랑하며 너희를 핍박하는

예수님이 곧 오십니다

자를 위하여 기도하라." (마 5:44)

그러므로 이웃을 미워하거나 사랑하지 않는 자는 설령 기독교인이라고 말할지라도 하나님의 심판을 면할 수가 없습니다. 부디 이웃을 사랑하셔서 천국으로 들어가시길 바랍니다.

원수를 용서하지 않는 죄악을 회개하라

우리는 어떤 죄인도 사람 중에 어떠한 원수도 용서해야 됩니다. 하나님은 모든 죄인들을 사랑하시사 당신의 아들 예수님을 보내셔서 죄인들이 구원받을 수 있도록 우리 모두의 죗값을 예수님께 다 담당시키시고 우리 대신에 예수님을 고통 가운데 죽도록 희생시키셨습니다.

그리하여 누구든지 진정 회개하여 예수님을 의지함으로 하나님께 용서를 구하면 그 죄를 사함받을 수 있는 것입니다. 우리가 하나님께 직접적으로 지은 죄도 용서받을 수 있고 사람들에게 지은 죄도 용서받을 수 있습니다. 그리고 하나님은 우리가 예수님을 통해서 용서받는 것처럼 예수님을 통해서 어떤 죄인이나 사람 중에 어떠한 원수도 용서하기를 원하십니다.

"그때에 베드로가 나아와 가로되 주여 형제가 내게 죄를 범하면 몇 번이나 용서하여 주리이까 일곱 번까지 하오리이까. 예수께서 가라사대 네게 이르노니 일곱 번뿐 아니라 일흔 번씩 일곱 번이라도 할지니라. 이러므로 천국은 그 종들과 회계하려 하던 어떤 임금과 같으니 회계할 때에 일만 달란트 빚진 자 하나를 데려오

예수님이 곧 오십니다

매 갚을 것이 없는지라. 주인이 명하여 그 몸과 처와 자식들과 모든 소유를 다 팔아 갚게 하라 한대 그 종이 엎드리어 절하며 가로되 내게 참으소서 다 갚으리이다 하거늘 그 종의 주인이 불쌍히 여겨 놓아 보내며 그 빚을 탕감하여 주었더니 그 종이 나가서 제게 백 데나리온 빚진 동관 하나를 만나 붙들어 목을 잡고 가로되 빚을 갚으라 하매 그 동관이 엎드리어 간구하여 가로되 나를 참아 주소서 갚으리이다 하되 허락하지 아니하고 이에 가서 저가 빚을 갚도록 옥에 가두거늘 그 동관들이 그것을 보고 심히 민망하여 주인에게 가서 그 일을 다 고하니 이에 주인이 저를 불러다가 말하되 악한 종아 네가 빌기에 내가 네 빚을 전부 탕감하여 주었거늘 네가 너를 불쌍히 여김과 같이 너도 네 동관을 불쌍히 여김이 마땅치 아니하냐 하고 주인이 노하여 그 빚을 다 갚도록 저를 옥졸들에게 붙이니라. 너희가 각각 중심으로 형제를 용서하지 아니하면 네 천부께서도 너희에게 이와 같이 하시리라." (마 18:21~35)

여기서 예수님은 우리에게 죄 지은 형제에게 제한 없이 계속해서 용서하라고 말씀하신 것이며 우리가 진심으로 형제를 용서하지 아니하면 하나님도 우리를 용서하지 않으실 것이라는 말씀을 하신 것입니다.

마태복음 6장 14~15절 말씀에서도 예수님은 이것에 대해 증거하셨습니다.

"너희가 사람의 과실을 용서하면 너희 천부께서도 너희 과실을

용서하시려니와 너희가 사람의 과실을 용서하지 아니하면 너희 아

버지께서도 너희 과실을 용서하지 아니하시리라." (마 6:14~15)

심지어 예수님은 원수도 사랑하고 핍박하는 자를 위하여 기도하라고 말씀하셨는데(마 5:44) 우리가 원수를 사랑하면 원수를 용서할 수 있는 것입니다. 그러므로 누구든지 하나님의 용서를 받고 구원받아 천국에 가고자 한다면 어떤 죄인이나 사람 중에 어떠한 원수라도 용서해야 되는 것입니다.

비판하거나 정죄하는 죄악을 회개하라

예수님은 우리들에게 비판하지 말고 정죄하지 말라고 하십니다.

"비판치 말라 그리하면 너희가 비판을 받지 않을 것이요. 정죄하지 말라 그리하면 너희가 정죄를 받지 않을 것이요. 용서하라 그리하면 너희가 용서를 받을 것이요." (눅 6:37)

"비판을 받지 아니하려거든 비판하지 말라. 너희의 비판하는 그 비판으로 너희가 비판을 받을 것이요 너희의 헤아리는 그 헤아림으로 너희가 헤아림을 받을 것이니라. 어찌하여 형제의 눈 속에 있는 티는 보고 네 눈 속에 있는 들보는 깨닫지 못하느냐. 보라 네 눈 속에 들보가 있는데 어찌하여 형제에게 말하기를 나로 네 눈 속에 있는 티를 빼게 하라 하겠느냐. 외식하는 자여 먼저 네 눈 속에서 들보를 빼어라. 그 후에야 밝히 보고 형제의 눈 속에서 티를 빼리라." (마 7:1~5)

보통 보면 기독교인들 사이에서도 상대방을 비판하고 정죄하는 경우들이 흔합니다. 일반 평신도들 사이에서도 그렇고 목사와 평신도 사이에서도 그러하며 목사들 사이에서도 그러는 경우들이 적지 않습니다. 그래서 교회를 분열시키거나 심각한 타격을 주는 경우들도 있습니다.

그리고 심지어 신부 운동을 한다는 교회 목사까지 교만히 그렇게 하는 것을 본 적이 있습니다. 당시 주님은 매우 안타까워 하시면서 그 목사가 거룩한 신부가 되려면 이런 죄악도 회개해야 된다고 알려 주시면서 나도 이런 잘못과 죄를 범하지 않도록 조심하라고 가르쳐 주셨습니다. 왜냐하면 이런 죄악들을 회개하지 않는다면 그들은 하나님의 엄중한 심판을 받게 될 것이기 때문입니다.

만약 우리가 비판하고 정죄한다면 그 비판하는 것과 정죄하는 것으로 우리도 비판과 정죄를 받을 것입니다. 그러므로 우리는 상대방을 비판하지도 정죄하지도 말아야 되겠습니다.

예수님이 곧 오십니다

예수님의 부활과 재림을 의심하는 죄악을 회개하라

예수님을 참되게 믿는 사람이라면 예수님의 부활과 재림하실 것을 믿는 것은 당연한 것입니다. 그러나 기독교인들이라 하는 사람들조차 이것을 믿지 않는 사람들이 많다고 주님이 말씀하십니다.

몇 년 전에 작은 기업을 운영하시는 집사님이 열 분이 넘는 직원들을 이끄시고 저희 교회를 방문하신 적이 있었습니다. 그 직원들은 모두 다 예수님을 믿는다 했고 다양한 교파와 교단에 소속된 제각기 다른 교회에서 신앙생활을 하시는 분들이었습니다. 그때 제가 하나님의 말씀 뜻을 그 분들에게 전하려고 할 때 주님은 저로 하여금 그분들에게 다음과 같은 질문을 하도록 하셨습니다.

"여러분들 중에 아직까지 예수님의 부활과 재림을 믿지 않는 분이 계십니까? 다들 눈을 감으시고 믿지 않는 분은 하나님 앞에서 솔직하게 손 들어보시기 바랍니다."

그런데 놀랍게도 그분들 중에 반 정도가 손을 들었습니다. 솔직하게 손을 들어준 것은 고맙지만 그분들이 아직도 예수님을 잘못 믿고 있는 것에 마음이 아팠고 주님이 몹시 안타까워 하시는 것을 느낄 수 있었습니다.

여러분, 예수님은 본체가 하나님이시요 우리의 구원자시며 주님이시라는 것을 믿지 않는 사람뿐만 아니라, 예수님의 부활과 재림을 믿지 않는 사람 또한 아직 예수님을 참되게 믿는 사람이 아닙니다. 이런 분들은 교회에 출석할지라도 아직 거듭나지 않은 사람들이요 예수님과 주님의 말씀을 부인하는 사람들입니다.

> "예수께서 가라사대 나는 부활이요 생명이니 나를 믿는 자는 죽어도 살겠고 무릇 살아서 나를 믿는 자는 영원히 죽지 아니하리니 이것을 네가 믿느냐." (요 11:25~26)

> "그러나 이제 그리스도께서 죽은 자 가운데서 다시 살아 잠자는 자들의 첫 열매가 되셨도다." (고전 15:20)

> "우리가 예수의 죽었다가 다시 사심을 믿을진대 이와 같이 예수 안에서 자는 자들도 하나님이 저와 함께 데리고 오시리라. 우리가 주의 말씀으로 너희에게 이것을 말하노니 주 강림하실 때까지 우리 살아 남아있는 자도 자는 자보다 결단코 앞서지 못하리라. 주께서 호령과 천사장의 소리와 하나님의 나팔로 친히 하늘로 좇아 강림하시리니 그리스도 안에서 죽은 자들이 먼저 일어나고 그 후에 우리 살아남은 자도 저희와 함께 구름 속으로 끌어 올려 공중에서 주를 영접하게 하시리니 그리하여 우리가 항상 주와 함께 있으리라." (살전 4:14~17)

> "이것들을 증거하신 이가 가라사대 내가 진실로 속히 오리라 하시거늘 아멘 주 예수여 오시옵소서." (계 22:20)

예수님이 곧 오십니다

이외에도 예수님의 부활과 재림을 증거하는 성경 구절은 곳곳에 많이 있습니다. 그러므로 설령 예수님을 믿는다고 생각하거나 말할지라도 예수님의 부활과 재림을 믿지 아니하는 자는 예수님과 주님의 말씀을 부인하는 자입니다. 아직 예수님을 믿고 따르는 자가 아닙니다. 이런 사람들은 아직 예수님 안에 있지 않고 밖에 있는 자들입니다.

이런 분들은 진실로 하나님 앞에서 회개하시고 예수님을 자신의 구원자요 주님으로 영접할 뿐만 아니라 부활의 예수님과 머지않아 재림하실 예수님을 믿으며 예수님의 말씀 뜻대로 순종하는 삶을 사서야 됩니다. 그래야 구원받고 천국 영생복락을 얻을 수 있습니다.

성령의 열매를 맺지 못하며 사명과 직분을
열심히 감당하지 않는 죄악을 회개하라

우리는 성령의 열매를 맺으며 주님이 주신 사명과 직분을 열심히 감당해야 합니다. 아무리 기독교인이라 할지라도 하나님의 말씀 뜻에 순종하는 삶을 통해 성령의 열매를 맺어야 되는데 죄악된 열매를 맺는다면 결코 천국 영생복락을 얻을 수가 없습니다.

교회에서는 경건한 모양이 있지만 사회에서는 세속에 물들어서 자신의 유익을 위해 죄악된 것과 타협하여 죄악을 범하는 삶을 살면 결국 하나님의 엄중한 심판을 받게 되는 것입니다. 수많은 죄들로 인하여 어둡고 부정부패한 이 세상에서 빛과 소금의 역할을 감당치 아니하고 대충 이 세상과 타협하면서 미지근한 삶을 살아간다면 주님은 그 같은 기독교인들을 토해내 버리십니다.

"내가 네 행위를 아노니 네가 차지도 아니하고 더웁지도 아니하도다. 네가 차든지 더웁든지 하기를 원하노라. 네가 이같이 미지근하여 더웁지도 아니하고 차지도 아니하니 내 입에서 너를 토하여 내치리라." (계 3:15~16)

예수님이 곧 오십니다

"무릇 내가 사랑하는 자를 책망하여 징계하노니 그러므로 네가 열심을 내라 회개하라." (계 3:19)

그러므로 우리는 주님 말씀 뜻대로 열심히 순종하는 삶을 살아야 합니다. 주님이 우리에게 주신 달란트와 은사를 하나님의 나라와 의를 위하여 열심히 사용해서 거룩한 열매들을 맺어야 합니다.

주님은 우리에게 사명과 직분을 주셨습니다. 전도의 사명과 선교의 사명을 주셨고 목사의 직분과 장로의 직분과 집사의 직분과 교사의 직분 등 귀한 직분들을 주셨습니다. 이것들은 우리 육체의 생명과 인생보다도 중요한 것들입니다.

주님이 우리에게 주신 직분과 사명을 감당하는 것은 우리의 당연한 본분이며 이를 게을리 하고 불순종하는 것은 하나님 앞에 죄된 것입니다.

예수님도 달란트 비유를 통해서 말씀하시길, 달란트를 성실히 잘 사용해서 열매를 맺으며 충성한 종들에게는 칭찬하시고 상급을 주십니다.

"그 주인이 이르되 잘 하였도다 착하고 충성된 종아 네가 작은 일에 충성하였으매 내가 많은 것으로 네게 맡기리니 네 주인의 즐거움에 참예할지어다 하고" (마 25:21,23)

그러나 게을리 하고 불순종하여 불충한 자는 주님이 원하시는 열매를 맺지 못하며 악하고 게으른 종으로 심판받게 됩니다.

"이 무익한 종을 바깥 어두운 데로 내어 쫓으라. 거기서 슬피 울며 이를 갊이 있으리라 하니라." (마 25:30)

"그리고 맡은 자들에게 구할 것은 충성이니라." (고전 4:2)

또한 예수님은 다음과 같이 말씀하셨습니다.

"주인의 뜻을 알고도 예비치 아니하고 그 뜻대로 행치 아니한 종은 많이 맞을 것이요 알지 못하고 맞을 일을 행한 종은 적게 맞으리라. 무릇 많이 받은 자에게는 많이 찾을 것이요 많이 맡은 자에게는 많이 달라 할 것이니라." (눅 12:47~48)

그러므로 여러분, 주님의 말씀 뜻에 순종하여 성령의 거룩한 열매를 맺으며 하나님이 주신 은사와 달란트를 잘 사용해서 받으신 직분과 사명을 충성되이 감당하시길 바랍니다.

제6장

구원의 참된 믿음과
멸망의 거짓 믿음

- 첫째로, 회개 없는 믿음은 멸망의 거짓 믿음입니다

- 둘째로, 하나님의 말씀 뜻에 순복하지 않는 믿음은 멸망의 거짓 믿음입니다

- 셋째로, 예수님의 십자가 사랑의 길을 가지 않는 믿음은 멸망의 거짓 믿음입니다

- 넷째로, 성령의 열매가 없는 믿음은 멸망의 거짓 믿음입니다

우리가 구원받고 예수님과 함께 천국 영생 복락을 누리려면 구원의 참된 믿음을 가져야 되는 것은 당연한 이치입니다. 그러나 실상 자칭 기독교인들 가운데에는 구원의 참된 믿음과 멸망의 거짓 믿음을 분별치 못하고 멸망의 거짓 믿음 가운데 사는 사람들이 많습니다. 그리하여 멸망의 거짓 믿음 가운데 살다가 죽어 지옥으로 떨어져 멸망하는 자들이 많다고 주님이 알려주셨습니다.

　　그렇다면 우리는 무엇이 구원의 참된 믿음이며 무엇이 멸망의 거짓 믿음인지 분별하는 것이 중요하며 구원의 참된 믿음으로 사는 것이 참으로 중요합니다. 그러면 여기서 구원의 참된 믿음과 멸망의 거짓 믿음을 몇 가지로 나누어 말씀드리겠습니다.

첫째로, 회개 없는 믿음은 멸망의 거짓 믿음입니다

다시 말씀드리면 구원의 참된 믿음은 회개에 합당한 열매를 맺습니다.

예수님이 공생애를 시작하실 때 제일 먼저 선포하신 말씀은 "회개하라 천국이 가까왔느니라"(마 4:17)이며 누가복음 5장 32절 말씀에는 "내가 의인을 부르러 온 것이 아니요 죄인을 불러 회개시키러 왔노라." 하였습니다.

이 말씀은 곧 죄인이 회개해야만 구원받을 수 있음을 알려주고 있습니다. 그러므로 죄인이 의인이 되어 구원받기 위해서는 반드시 회개해야 합니다. 회개는 단순한 뉘우침이 아니라 죄를 미워하고 끊어 버리도록 확실히 결심하는 것입니다. 따라서 회개한 사람은 반드시 회개에 합당한 열매를 맺습니다.

죄인이 회개하면 도둑이 도둑질하지 않으며, 강도가 강도질하지 않습니다. 거짓말쟁이가 거짓말하지 않고 솔직히 말하며 싸움꾼이 싸움을 일으키지 않고 화평을 깨뜨리지 않습니다. 사기꾼이 사기치지 않고 정직히 행하며 이기적인 사람이 자신의 욕심을 버리고 다른 사람들을 배려하며 인본주의적이고 물질주의적인 사람이 인본주의와 물질주의를 버리고 신본주의로 바뀌며 이전에 불법한 자가 회개하면 법을 지키며 이전에 간음자가 회개하면 간음하지 않고 정결을 지킵니다. 이전에 욕심을 좇던 자가 회개하면 정직과 성실로 행하며 술과 음욕과 담배와 마약으로 방탕한 자가 회개하면 이런 죄악들을 끊어버리고 건전한 삶을 살아갑니다. 이것들이 회개에 합당한 열매인 것입니다. 만약 죄인이 진정 회개했다면 회개에 합당한 열매는 당연히 맺는 것입니다.

예수님은 다음과 같이 말씀하셨습니다.

> "못된 열매 맺는 좋은 나무가 없고 또 좋은 열매 맺는 못된 나무가 없느니라. 나무는 각각 그 열매로 아나니 가시나무에서 무화과를 또는 찔레에서 포도를 따지 못하느니라. 선한 사람은 마음의 쌓은 선에서 선을 내고 악한 자는 그 쌓은 악에서 악을 내나니 이는 마음의 가득한 것을 입으로 말함이니라." (눅 6:43~45)

하나님이 보시기에 선한 열매를 맺는 자는 이미 그 심령이 회개하여 회개에 합당한 열매를 맺는 것이지만 죄악된 열매를 맺는 자는 이미 그 심령에 죄악이 있으므로 이 죄악으로 악한 열매를 맺는 것입니다. 자칭 기독교인이라고 할지라도 죄악된 열매를 맺는다면 그 기독교인 심령에는 이미 회개해야 될 죄악이 있는 것입니다. 이 죄악을 회개하지 않는다면 그 기독교인은 여전히 죄악된 심령을 갖고 있으므로 하나님의 심판을 받아 멸망하고 말 것입니다.

성경을 보면 이것에 대해서 하나님이 하신 말씀이 있습니다.

"인자야 너는 네 민족에게 이르기를 의인이 범죄하는 날에는 그 의가 구원치 못할 것이요 악인이 돌이켜 그 악에서 떠나는 날에는 그 악이 그를 엎드러뜨리지 못할 것인즉 의인이 범죄하는 날에는 그 의로 인하여는 살지 못하리라. 가령 내가 의인에게 말하기를 너는 살리라 하였다 하자. 그가 그 의를 스스로 믿고 죄악을 행하면 그 모든 의로운 행위가 하나도 기억되지 아니하리니 그가 그 지은 죄악 중 곧 그중에서 죽으리라. 가령 내가 악인에게 말하기를 너는 죽으리라 하였다 하자. 그가 돌이켜 자기의 죄에서 떠나서 법과 의대로 행하여 전당물을 도로 주며 억탈물을 돌려보내고 생명의 율례를 준행하여 다시는 죄악을 짓지 아니하면 그가 정녕 살고 죽지 않을지라. 그의 본래 범한 모든 죄가 기억되지 아니하리니 그가 정녕 살리라. 이는 법과 의를 행하였음이니라 하라." (겔 33:12~16)

여기서 하나님이 말씀하시는 것은 하나님이 인정하신 의인일지라도 죄를 범하고 회개치 않으면 그 죄로 인해서 심판받아 멸망한다는 것이요, 멸망하기에 마땅한 악인일지라도 죄를 회개하여 하나님의 말씀 뜻대로 살면 멸망치 않고 구원받아 영생을 얻는다는 것입니다.

그리고 로마서 6장 23절 말씀에는 "죄의 삯은 사망이요."라 하였고 빌립보서 2장 12절 말씀에는 "항상 복종하여 두렵고 떨림으로 너희 구원을 이루라." 하였습니다.

그러므로 우리는 항상 하나님을 경외하여 온전히 회개하고 하나님 말씀 뜻대로 순복하는 구원의 참된 믿음을 가져야 되는 것입니다. 이러므로 죄를 회개하지 않는 믿음은 거짓 믿음이요, 구원받지 못하는 멸망의 믿음입니다. 따라서 회개 없는 구원과 천국 영생은 없습니다.

교회를 다닐지라도, 자칭 기독교인이라 할지라도, 세례받고 직분자가 되었을지라도, 회개에 합당한 열매를 맺지 않은 사람은 아직도 멸망의 거짓 믿음 가운데 있습니다. 이런 사람은 속히 회개에 합당한 열매를 맺고 참된 구원의 믿음을 가져야 합니다.

예수님이 곧 오십니다

둘째로, 하나님의 말씀 뜻에 순복하지 않는 믿음은
멸망의 거짓 믿음입니다

다시 말해서 하나님의 말씀 뜻에 순복하는 믿음이 참된 구원의 믿음입니다. 그럼 여기서 하나님의 말씀 뜻은 무엇일까요?

간단히 말해서 하나님이 우리에게 주신 성경말씀에는 우리가 마땅히 해야 될 것과 하지 말아야 될 것이 있습니다. 하나님이 우리에게 하도록 주신 말씀은 우리가 그 뜻대로 순종해서 해야 되겠고 하나님이 우리에게 하지 말도록 주신 말씀은 우리가 순종해서 하지 않아야 되는 것입니다.

또한 이것을 요약해서 몇 개의 성경구절로 말할 수 있습니다.

"그의 계명은 이것이니 곧 그 아들 예수 그리스도의 이름을 믿고 그가 우리에게 주신 계명대로 서로 사랑할 것이니라."

(요일 3:23)

"예수께서 가라사대 네 마음을 다하고 목숨을 다하고 뜻을 다하여 주 너의 하나님을 사랑하라 하셨으니 이것이 크고 첫째 되는 계명이요. 둘째는 그와 같으니 네 이웃을 네 몸과 같이 사랑하라 하셨으니 이 두 계명이 온 율법과 선지자의 강령이니라."

(마 22:37~40)

"새 계명을 너희에게 주노니 서로 사랑하라. 내가 너희를 사랑한
것같이 너희도 서로 사랑하라." (요 13:34)

그리고 순복하는 믿음이 왜 반드시 필요한지 성경말씀들을 통해
알려드리겠습니다.

"내 형제들아 만일 사람이 믿음이 있노라 하고 행함이 없으면 무
슨 이익이 있으리요 그 믿음이 능히 자기를 구원하겠느냐. 만일
형제나 자매가 헐벗고 일용할 양식이 없는데 너희 중에 누구든
지 그에게 이르되 평안히 가라, 더웁게 하라, 배부르게 하라 하
며 그 몸에 쓸 것을 주지 아니하면 무슨 이익이 있으리요. 이와 같
이 행함이 없는 믿음은 그 자체가 죽은 것이라. 혹이 가로되 너
는 믿음이 있고 나는 행함이 있으니 행함이 없는 네 믿음을 내게
보이라. 나는 행함으로 내 믿음을 네게 보이리라. 네가 하나님은
한 분이신 줄을 믿느냐 잘하는도다 귀신들도 믿고 떠느니라. 아
아 허탄한 사람아 행함이 없는 믿음이 헛것인 줄 알고자 하느냐.
우리 조상 아브라함이 그 아들 이삭을 제단에 드릴 때에 행함으
로 의롭다 하심을 받은 것이 아니냐. 네가 보거니와 믿음이 그의
행함과 함께 일하고 행함으로 믿음이 온전케 되었느니라. 이에
경에 이른바 아브라함이 하나님을 믿으니 이것을 의로 여기셨다는
말씀이 응하였고 그는 하나님의 벗이라 칭함을 받았나니 이로 보

건대 사람이 행함으로 의롭다 하심을 받고 믿음으로만은 아니니라. 또 이와 같이 기생 라합이 사자를 접대하여 다른 길로 나가게 할 때에 행함으로 의롭다 하심을 받은 것이 아니냐. 영혼 없는 몸이 죽은 것같이 행함이 없는 믿음은 죽은 것이니라."

(약 2:14~26)

여기서 오해하지 말아야 할 것은 행함 있는 믿음이란 율법의 행위의 믿음을 말하는 것이 아니라 하나님의 말씀 뜻에 순복하는 믿음을 말합니다. 하나님 말씀 뜻대로 순복하는 믿음이 구원의 믿음이지 하나님 말씀 뜻대로 행하지 않는 믿음은 귀신들의 믿음과 다를 바가 없으며 구원을 얻지 못하는 죽은 믿음인 것입니다.

예수님도 다음과 같이 말씀하셨습니다.

"나더러 주여 주여 하는 자마다 천국에 다 들어갈 것이 아니요 다만 하늘에 계신 내 아버지의 뜻대로 행하는 자라야 들어가리라." (마 7:21)

그리고 누가복음 6장 46~49절에서 예수님은 다음과 같이 말씀하셨습니다.

"너희는 나를 불러 주여 주여 하면서도 어찌하여 나의 말하는 것을 행치 아니하느냐. 내게 나아와 내 말을 듣고 행하는 자마다 누구와 같은 것을 너희에게 보이리라. 집을 짓되 깊이 파고 주초를 반석 위에 놓은 사람과 같으니 큰 물이 나서 탁류가 그 집에 부딪히되 잘 지은 연고로 능히 요동케 못하였거니와 듣고 행치 아니하는 자는 주초 없이 흙 위에 집 지은 사람과 같으매 탁류가 부딪히매 집이 곧 무너져 파괴됨이 심하니라 하시니라."

(눅 6:46~49)

그러므로 참된 구원의 믿음은 하나님의 말씀 뜻에 순복하는 믿음입니다.

예수님이 곧 오십니다

셋째로, 예수님의 십자가 사랑의 길을 가지 않는 믿음은 멸망의 거짓 믿음입니다

다시 말해서 구원의 참된 믿음은 예수님의 십자가 사랑의 길을 가는 믿음입니다. 예수님은 이것에 대해서 다음과 같이 말씀하셨습니다.

> "예수께서 가라사대 네 마음을 다하고 목숨을 다하고 뜻을 다하여 주 너의 하나님을 사랑하라 하셨으니 이것이 크고 첫째 되는 계명이요 둘째는 그와 같으니 네 이웃을 네 몸과 같이 사랑하라 하셨으니 이 두 계명이 온 율법과 선지자의 강령이니라."
> (마 22:37~40)

> "아비나 어미를 나보다 더 사랑하는 자는 내게 합당치 아니하고 아들이나 딸을 나보다 더 사랑하는 자도 내게 합당치 아니하고 또 자기 십자가를 지고 나를 좇지 않는 자도 내게 합당치 아니하니라. 자기 목숨을 얻는 자는 잃을 것이요 나를 위하여 자기 목숨을 잃는 자는 얻으리라." (마 10:37~39)

"또 무리에게 이르시되 아무든지 나를 따라오려거든 자기를 부인하고 날마다 제 십자가를 지고 나를 좇을 것이니라." (눅 9:23)

그러므로 우리가 구원의 참된 믿음을 가지고 천국에 들어가 예수님과 영생 복락을 누리려면 우리는 예수님을 절대로 사랑해야 하며 예수님의 말씀대로 이웃을 사랑하며 자기 십자가를 감당하고 예수님이 가신 그 십자가 사랑의 길을 계속 가야 하는 것입니다.

넷째로, 성령의 열매가 없는 믿음은
멸망의 거짓 믿음입니다

다시 말해서 구원의 참된 믿음은 성령의 열매가 있습니다.
예수님은 다음과 같이 말씀하셨습니다.

> "그 열매로 그들을 알지니 가시나무에서 포도를, 또는 엉겅퀴에서
> 무화과를 따겠느냐. 이와 같이 좋은 나무마다 아름다운 열매를
> 맺고 못된 나무가 나쁜 열매를 맺나니 좋은 나무가 나쁜 열매를
> 맺을 수 없고 못된 나무가 아름다운 열매를 맺을 수 없느니라.
> 아름다운 열매를 맺지 아니하는 나무마다 찍혀 불에 던지우느니
> 라. 이러므로 그의 열매로 그들을 알리라." (마 7:16~20)

사람이 성령으로 거듭나 참된 구원의 열매를 맺고 예수님의 십자
가 사랑의 길로 가는 참된 그리스도인은 육체와 함께 그 정과 욕심
을 십자가에 못 박습니다(갈 5:24). 그리고 성령으로 행하고 성령으
로 삽니다(갈 5:25). 그리하여 사랑과 희락과 화평과 오래 참음과 자
비와 양선과 충성과 온유와 절제 같은 성령의 열매를 맺습니다.
(갈 5:22~23)

그러므로 누구든지 천국에 들어가 예수님과 영생 복락을 누리려면 그 전에 구원의 참된 믿음으로 성령의 열매를 맺어야 하는 것입니다.

　　여러분, 구원의 참된 믿음과 관련하여 마태복음 5장 20절 말씀을 보면 예수님이 말씀하시길 "너희 의가 서기관과 바리새인보다 더 낫지 못하면 결단코 천국에 들어가지 못하리라." 하셨습니다. 이 말씀은 서기관과 바리새인의 의로는 천국에 들어갈 수 없다는 것이며 우리가 천국에 들어가려면 서기관과 바리새인의 의보다 더 나은 참된 의가 있어야 한다는 것입니다.

　　당시 서기관과 바리새인은 하나님을 잘 믿는다 하고 보통 모세 오경을 포함하여 구약 성경을 열심히 읽고 열심히 가르치며 열심히 율법생활을 하던 사람들인데 일주일에 보통 두 번씩 금식하고 소득의 십일조를 내고 안식일을 철저히 지키려 하고 많은 시간 기도 생활을 하는 등 당시 신앙이 훌륭한 사람들인 양 자타가 공인하다시피 한 부류의 사람들입니다.

　　그런데도 왜 서기관과 바리새인의 의는 천국에 들어갈 수 있는 참된 의가 되지 못할까요? 왜 거짓된 의가 될까요?

　　첫째, 그들은 회개하지 않는 외식하는 자들이기 때문입니다. 예수님은 이들에 대해서 다음과 같이 말씀하셨습니다.

　　"화 있을진저 외식하는 서기관들과 바리새인들이여 잔과 대접의 겉은 깨끗이 하되 그 안에는 탐욕과 방탕으로 가득하게 하는도다. 소경된 바리새인아 너는 먼저 안을 깨끗이 하라. 그리하면 겉도 깨끗하리라. 화 있을진저 외식하는 서기관들과 바리새인들이여 회칠한 무덤 같으니 겉으로는 아름답게 보이나 그 안에는 죽은 사람의 뼈와 모든 더러운 것이 가득하도다. 이와 같이 너희도 겉으로는 사람에게 옳게 보이되 안으로는 외식과 불법이 가득하도다." (마 23:25~28)

이처럼 모든 죄악을 회개하지 않고 외식하는 믿음을 가진 자는 누구도 천국에 들어갈 수 없습니다. 이런 믿음은 구원받을 수 없는 거짓 믿음이기 때문입니다.

둘째, 그들은 율법의 행위와 유대인 장로들의 유전의 행위를 의지하여 자신들의 의를 주장하지만 그것은 하나님의 의가 아니기 때문입니다. 즉 사람의 의를 주장하고 예수님을 통한 하나님의 의가 없습니다.

외식하는 서기관들과 바리새인들은 율법의 행위와 유대인 장로들의 유전의 행위만 있으면 하나님의 의를 얻을 수 있고 구원을 얻는다 생각하고 믿었습니다. 그리고 이것들로 하나님의 말씀 뜻인 양 절대 기준으로 삼아 판단하고 행하며 자신들의 죄악들은 깨달아 회개치 않고 자신들의 언행심사를 의롭다고 생각했습니다.

그들은 하나님이 인정하지 않으시는 율법의 행위의 의와 유대인 장로들의 유전의 의를 가지고서 하나님을 올바르게 믿고 섬긴다는 착각과 잘못된 신앙생활 가운데 있었던 것입니다. 그리하여 그들은 하나님의 본체시요 그리스도이신 예수님을 구주로 영접하지 않았고 오히려 그들의 죄악됨을 책망하시는 예수님을 미워하고 죽이기 위해서 갖은 핍박을 다 했던 것입니다.

마가복음 7장 6~8절에서 예수님은 이들에 대하여 다음과 같이
말씀하셨습니다.

"가라사대 이사야가 너희 외식하는 자에 대하여 잘 예언하였도
다. 기록하였으되 이 백성이 입술로는 나를 존경하되 마음은 내게
서 멀도다. 사람의 계명으로 교훈을 삼아 가르치니 나를 헛되이
경배하는도다 하였느니라. 너희가 하나님의 계명은 버리고 사람
의 유전을 지키느니라." (막 7:6~8)

여러분, 우리는 율법의 행위와 사람의 계명과 유전으로는 하나님
의 의를 이룰 수가 없습니다. 하나님의 의는 오직 주 예수 그리스
도를 믿음으로써 얻는 것입니다.

"이제는 율법 외에 하나님의 한 의가 나타났으니 율법과 선지
자들에게 증거를 받은 것이라. 곧 예수 그리스도를 믿음으로
말미암아 모든 믿는 자에게 미치는 하나님의 의니 차별이 없느
니라." (롬 3:21~22)

"그러므로 사람이 의롭다 하심을 얻는 것은 율법의 행위에 있지
않고 믿음으로 되는 줄 우리가 인정하노라." (롬 3:28)

"예수는 우리 범죄함을 위하여 내어줌이 되고 또한 우리를 의롭
다 하심을 위하여 살아나셨느니라. 그러므로 우리가 믿음으로 의
롭다 하심을 얻었은즉 우리 주 예수 그리스도로 말미암아 하나님

예수님이 곧 오십니다

으로 더불어 화평을 누리자." (롬 4:25~5:1)

"그러면 이제 우리가 그 피로 인하여 의롭다 하심을 얻었은즉 더욱 그로 말미암아 진노하심에서 구원을 얻을 것이니 곧 우리가 원수 되었을 때에 그 아들의 죽으심으로 말미암아 하나님으로 더불어 화목되었은즉 화목된 자로서는 더욱 그의 살으심을 인하여 구원을 얻을 것이니라." (롬 5:9~10)

그러므로 우리 주 예수 그리스도를 믿지 않고서는 하나님의 의를 얻을 수가 없는 것입니다.

셋째, 그들은 하나님과 이웃을 사랑하지 않기 때문입니다.

이것과 관련하여 성경은 다음과 같이 증거합니다.

"어떤 율법사가 일어나 예수를 시험하여 가로되 선생님 내가 무엇을 하여야 영생을 얻으리이까. 예수께서 이르시되 율법에 무엇이라 기록되었으며 네가 어떻게 읽느냐. 대답하여 가로되 네 마음을 다하며 목숨을 다하며 힘을 다하며 뜻을 다하여 주 너의 하나님을 사랑하고 또한 네 이웃을 네 몸과 같이 사랑하라 하였나이다. 예수께서 이르시되 네 대답이 옳도다. 이를 행하라 그러면 살리라 하시니." (눅 10 :25~28)

"우리가 형제를 사랑함으로 사망에서 옮겨 생명으로 들어간 줄을 알거니와 사랑치 아니하는 자는 사망에 거하느니라."

(요일 3:14)

"누구든지 하나님을 사랑하노라 하고 그 형제를 미워하면 이는 거짓말하는 자니 보는 바 그 형제를 사랑치 아니하는 자가 보지 못하는바 하나님을 사랑할 수가 없느니라." (요일 4:20)

"모세는 네 부모를 공경하라 하고 또 아비나 어미를 훼방하는 자는 반드시 죽으리라 하였거늘 너희는 가로되 사람이 아비에게나 어미에게나 말하기를 내가 드려 유익하게 할 것이 고르반 곧 하나님께 드림이 되었다고 하기만 하면 그만이라 하고 제 아비나 어미에게 다시 아무것이라도 하여 드리길 허하지 아니하여 너희의 전한 유전으로 하나님의 말씀을 폐하며 또 이 같은 일을 많이 행하느니라." (막 7:10~13)

그러므로 하나님과 이웃을 사랑하지 않는 자는 결단코 천국에 들어갈 수가 없습니다. 사랑이 없는 믿음과 사랑으로 행하지 않는 믿음의 행위는 거짓 믿음이요 아무 유익이 없기 때문입니다.

"네가 사람의 방언과 천사의 말을 할지라도 사랑이 없으면 소리나는 구리와 울리는 꽹과리가 되고 내가 예언하는 능이 있어 모든 비밀과 모든 지식을 알고 또 산을 옮길 만한 모든 믿음이 있을지라도 사랑이 없으면 내가 아무것도 아니요 내가 내게 있는 모든 것으로 구제하고 또 내 몸을 불사르게 내어 줄지라도 사랑이 없으면 내게 아무 유익이 없느니라." (고전 13:1~3)

그러므로 여러분, 우리가 천국에 들어가려면 모든 죄악을 회개하

예수님이 곧 오십니다

고 주 예수 그리스도를 영접하여 하나님과 이웃을 사랑하는 참된 믿음이 있어야 되는 것입니다. 이것이 참된 구원의 의가 되는 것입니다.

하지만 오늘날에도 서기관과 바리새인처럼 외식하는 명목상의 기독교인들이 많으며 천국에 들어가지 못하고 지옥으로 떨어지는 자칭 기독교인들이 많다고 주님은 말씀하십니다. 성경을 보더라도 예수님은 이와 같은 자들에 대해서 경고하여 말씀하셨습니다.

> "혹이 여짜오되 주여 구원을 얻는 자가 적으니이까. 저희에게 이르시되 좁은 문으로 들어가기를 힘쓰라. 내가 너희에게 이르노니 들어가기를 구하여도 못하는 자가 많으리라. 집주인이 일어나 문을 한번 닫은 후에 너희가 밖에 서서 문을 두드리며 주여 열어주소서 하면 저가 대답하여 가로되 나는 너희가 어디로서 온 자인지 알지 못하노라 하리니 그때에 너희가 말하되 우리는 주 앞에서 먹고 마셨으며 주는 또한 우리 길거리에서 가르치셨나이다 하나 저가 너희에게 일러 가로되 나는 너희가 어디로서 왔는지 알지 못하노라. 행악하는 모든 자들아 나를 떠나가라 하리라. 너희가 아브라함과 이삭과 야곱과 모든 선지자는 하나님 나라에 있고 오직 너희는 밖에 쫓겨난 것을 볼 때에 거기서 슬피 울며 이를 갊이 있으리라." (눅 13:23~28)

어떤 사람이 예수님에게 구원을 얻는 자가 적은지 물어봤을 때 예수님은 들어가기를 구하여도 못하는 자가 많으리라고 말씀하셨습니다. 이것은 결국 천국으로 들어가고 싶으나 들어가지 못하는 자가 많다는 것입니다. 그런데 이런 사람들 중에는 어떤 자들이 포함되는지 주님이 말씀하셨습니다.

그들은 자신들이 예수님 앞에서 먹고 마시며 가르치심을 받은 은혜받은 자임을 주장하며 천국문 안으로 들어가기를 구합니다. 그들은 예수님에 대해 알고 있으며 예수님과 무관하지 않은 것처럼 말합니다. 그들은 예수님으로부터 가르치심을 받아 주님의 말씀에 대해 알 수도 있었고 예수님께 은혜를 구하여 여러 가지 유익도 얻을 수 있었습니다.

그러나 그들은 예수님의 말씀 뜻대로 사는 자들이 아니라 행악하며 죄짓는 자들입니다. 바로 이것 때문에 그들은 천국에 들어갈 수 없습니다.

성경을 보면 한동안 예수님을 좇아다니며 예수님과 함께 했던 많은 제자들조차 예수님을 떠났고 다시 주님과 함께 하지 않았다고 증거하고 있습니다(요 6:66). 제자라고 하면 믿고 따랐던 자들이요 함께 있으며 가르치심을 받고 은혜받았던 자들인데 이들조차 많이 예수님을 떠난 것입니다.

그런데 오늘날에도 이와 같은 자들이 많다고 주님은 말씀하십니다. 예수님을 떠나고 교회를 떠난 자들이 많을 뿐만 아니라 교회에도 예수님 안에 있지 않고 예수님 밖에 있는 자들이 많다는 것입니다.

자칭 기독교인이라고는 하지만 외식하는 자들이 많고 회개해야 될 자들이 너무나 많다고 주님은 말씀하십니다. 만약 회개하지 않아 예수님 안에 있지 않는다면 지금까지 그래왔던 것처럼 너무나 많은 거짓되고 죄악된 기독교인들이 앞으로도 지옥으로 가게 될

예수님이 곧 오십니다

것이라 말씀하십니다.

현재도 기독교인들 중에는 예수님을 대하여 "주여, 믿습니다, 아멘." 하지만 예수님의 말씀 뜻대로 사는 것이 아니라, 그 심령부터 죄악으로 더러워지고 주님의 심령이 없고 정욕대로 살거나, 자기의 뜻대로 살거나, 사람이 만든 잘못된 가르침이나 전통을 따라 살고 있는 사람들이 많습니다. 이와 같은 자들에 대하여 예수님은 성경을 통해 심판의 경고의 말씀을 주십니다.

> "나더러 주여 주여 하는 자마다 천국에 다 들어갈 것이 아니요 다만 하늘에 계신 내 아버지의 뜻대로 행하는 자라야 들어가리라. 그 날에 많은 사람이 나더러 이르되 주여 주여 우리가 주의 이름으로 선지자 노릇하며 주의 이름으로 귀신을 쫓아내며 주의 이름으로 많은 권능을 행치 아니하였나이까 하리니 그때에 내가 저희에게 밝히 말하되 내가 너희를 도무지 알지 못하니 불법을 행하는 자들아 내게서 떠나가라 하리라." (마 7:21~23)

여러분, 예수님의 이름으로 선지자 노릇하고 예수님의 이름으로 귀신을 쫓아내고 예수님의 이름으로 많은 권능을 행할 정도면 흔히 사람들은 믿음이 좋다 하거나 믿음이 크다 하거나 대단한 주의 종으로 생각할 만큼 크게 봅니다. 그러나 이런 자들도 타락하여 심판받아 지옥 갈 사람들이 많다고 예수님이 말씀하신 것입니다.

> "너희는 나를 불러 주여 주여 하면서도 어찌하여 나의 말하는 것을 행치 아니하느냐. 내게 나아와 내 말을 듣고 행하는 자마

다 누구와 같은 것을 너희에게 보이리라. 집을 짓되 깊이 파고 주초를 반석 위에 놓은 사람과 같으니 큰 물이 나서 탁류가 그 집에 부딪히되 잘 지은 연고로 능히 요동케 못하였거니와 듣고 행치 아니하는 자는 주초 없이 흙 위에 집지은 사람과 같으니 탁류가 부딪히매 집이 곧 무너져 파괴됨이 심하니라 하시니라."

(눅 6:46~49)

이 말씀은 결국 예수님 말씀대로 행하지 않는 자는 심판받아 멸망하게 된다는 것입니다. 그러므로 여러분, 모든 죄를 회개하시고 깨어 의를 행하시기 바랍니다. 멸망의 거짓 믿음에 속지 마시고 구원의 참된 믿음을 가지시길 바랍니다. 언제든지 천국에 들어갈 수 있도록 여러분에게 있는 의가 참된 구원의 의가 되도록 준비되시기 바랍니다.

제7장

구원의 천국 길:
예수님의 십자가 사랑의 길

- 십자가의 길을 부인하는 자에게는 화 있을진저

- 아름다운 십자가 환상

- 예수 그리스도의 사랑을 붙잡는 자만이 살리라

- 나의 사랑을 전해다오!

- 네가 저 사람들마저도 사랑할 수 있겠느냐?

- 예수 그리스도의 사랑의 강은 '무료'입니다

- 구원의 천국 길, 예수님의 십자가 사랑의 길

십자가의 길을 부인하는 자에게는 화 있을진저

　토요 제자양육 모임 기도시간 때였습니다. 예수님은 통성으로 기도하는 저를 잠잠케 하시며 저의 영안을 뜨이게 하사 주님의 보좌를 보게 하셨습니다.

　예수님은 아주 밝은 빛으로 빛나고 계셨으며 정금으로 만들어진 것 같은 면류관을 쓰셨고 어깨 양쪽으로 붉은 홍포를 두르고 계셨습니다. 그런 주님이 기도하고 있는 우리 모임 가운데 오른손을 뻗으셨습니다. 그 손에는 선명한 못자국과 더불어 피가 흐르고 있었습니다. 그 피는 한 방울 한 방울 주님의 손끝을 타고 몇몇 교회식구들에게로 떨어지기 시작했습니다. 그 모습을 보던 저는 잠시 고개를 땅에 푹 숙였습니다. 시간이 조금 지난 뒤 다시 저는 주님을 보았습니다.

　그러나 이번 모습은 아까와 같은 면류관을 쓰신 위엄 있는 왕으로서의 모습이 아닌, 가시 면류관을 쓰시고 피 흘리시는 모습으로 우리 모임 가운데 서 계셨습니다. 조금 뒤 몇몇 형상이 우리 생명의 교회 식구들 각 사람에게 나아왔습니다. 그 형상은 예전 예수님을 십자가에 못 박던 로마병정들의 형상과 흡사했습니다. 그 형상들은 손에 들고 있던 가시면류관을 우리에게 씌우려 하였습니다.

저는 환상 가운데서 하나의 교회이지만 세 부류의 사람들을 보았습니다. 그 가시면류관을 마치 당연한 것처럼 쓰는 사람, 그 면류관 앞에서 망설이는 사람, 그리고 면류관을 쓰기 거부하며 도망치는 사람. 그때 주님이 말씀하셨습니다.

"십자가의 길을 부인하는 자에게는 화 있을진저. 저희가 하나님의 나라를 유업으로 받지 못하리라."

여러분, 누구든지 예수님을 따라 천국에 들어가 영생복락을 누리려면 반드시 주님이 가신 십자가의 길을 가야만 합니다. 그 길은 좁고 험한 길이며 핍박과 고난의 길이고 고통과 아픔이 있는 길입니다. 많은 사람들이 쉽고 편하게 천국 가려 하며 핍박과 고통을 받지 않고 천국 가려 하지만 그런 천국 길은 없습니다.

부디 예수님의 십자가 사랑으로 주님의 말씀 뜻에 순종하여 주님이 가신 십자가의 길을 끝까지 가서서 천국영생복락을 누리시는 여러분이 되시길 예수님의 이름으로 기도합니다.

"좁은 문으로 들어가라. 멸망으로 인도하는 문은 크고 그 길이 넓어 그리로 들어가는 자가 많고 생명으로 인도하는 문은 좁고 길이 협착하여 찾는 이가 적음이니라." (마 7:13~14)

"좁은 문으로 들어가기를 힘쓰라. 내가 너희에게 이르노니 들어가기를 구하여도 못하는 자가 많으리라." (눅 13:14)

"아비나 어미를 나보다 더 사랑하는 자는 내게 합당치 아니하고 아들이나 딸을 나보다 더 사랑하는 자도 내게 합당치 아니하고 또 자기 십자가를 지고 나를 좇지 않는 자도 내게 합당치 아니하니라. 자기 목숨을 얻는 자는 잃을 것이요 나를 위하여 자기 목숨을 잃는 자는 얻으리라." (마 10:37~39)

"또 무리에게 이르시되 아무든지 나를 따라 오려거든 자기를 부인하고 날마다 제 십자가를 지고 나를 좇을 것이니라." (눅 9:23)

아름다운 십자가 환상

저는 오늘 오후 예배시간에 아름다운 십자가 환상을 보았습니다. 열심히 예배를 드리는 중에 제 앞에 앉아 있는 ○○의 등에 아주 붉은 십자가가 보였습니다. 저는 놀라서 그렇게 보고 있다가 강대상 앞에서 아주 밝은 빛이 느껴져서 강대상 쪽을 보았는데 목사님의 심장 부분에서 아주 붉고 굉장히 밝은 빛을 가진 십자가를 보았습니다. 얼마나 밝은지 눈이 부셔서 눈물이 나려고 했습니다. 그래서 저는 눈을 깜박였습니다.

그러자 또 다른 십자가가 눈을 깜박이는 사이에 아주 선명하게 보였는데 그 십자가도 아주 붉고 봄향기같이 굉장히 아름다운 빛을 가지고 있었습니다. 저는 그 십자가가 선생님의 십자가라는 것을 성령님의 음성을 통해 알 수 있었습니다. 아주 잠깐이었지만 저는 그 아름다운 빛을 잊을 수가 없었습니다. 그런 십자가들이 서서히 저의 눈에서 사라지고 갑자기 음성이 들려왔습니다.

"○○야, 너는 이 아름다운 십자가를 지고 싶으냐? 너는 너의 모든 것을 내 안에서 다 포기할지어다. 너는 내 안에서 모든 근심 걱정을 십자가에 못 박고 나를 따를지어다. 너희는 나의 사랑하는 자녀이니 이 아름다운 십자가를 너희에게 주리라."

저는 이 음성을 듣고 너무 감사하고 기대가 되었습니다. 그 아름답고 빛나는 십자가를 저에게 주신다니, 이 소자 같은 나에게도 아름다운 십자가를 주신다니 너무 감사했습니다.

사랑하는 예수님, 제가 이 십자가를 지고 주님의 길을 따르겠습니다. 사랑합니다. 주님!

> "또 무리에게 이르시되 아무든지 나를 따라 오려거든 자기를 부인하고 날마다 제 십자가를 지고 나를 좇을 것이니라."
>
> (눅 9:23)

> "이와 같이 너희 중에 누구든지 자기의 모든 소유를 버리지 아니하면 능히 내 제자가 되지 못하리라." (눅 14:33)

예수 그리스도의 사랑을 붙잡는 자만이 살리라

오후 예배 기도시간에 주님이 저에게 환상을 보여 주셨습니다. 생명의 교회 전체가 어두웠고 그 가운데 '사랑'이라 쓰인 촛불 하나만이 작게 타오르고 있었습니다.

조금 시간이 지난 뒤 사람들이 촛불을 중심으로 모이기 시작했습니다. 처음에는 하나 둘 적은 수였지만 계속해서 모이기 시작할 때 생명의 교회 식구들 이상의 수가 그곳에 모였습니다. 촛불을 중심으로 둘러앉았을 무렵 그중 한 사람이 "촛불을 붙잡읍시다." 라고 말했습니다. 그리고 그곳의 많은 사람이 촛불을 붙잡고 기도했습니다.

조금 후 눈 깜박하는 사이 환상의 시간적 배경이 바뀌었습니다. 제게는 3초쯤 되는 그 시간에 환상의 시간은 며칠 혹은 몇 달이 지난 듯 보였습니다. 사람들의 얼굴이 거뭇거뭇 때가 묻어 있었습니다. 그렇지만 그들의 눈은 아까 전의 모습보다 더 뜨거웠고 소망으로 가득 차 있었습니다. 그런데 둘러보니 아까 보았던 그 많은 수에 비해 그곳엔 아주 적은 수만이 남아 있었습니다.

그때 촛불이 예수님으로 변하였고 주님께서 그곳에 있던 15명 내외의 사람들을 안아주시고 품어주셨습니다. 그리고 저를 보시면서 말씀하셨습니다.

"예수 그리스도의 사랑을 붙잡는 자만이 살리라."

그때 저는 주님께 물었습니다.

"그렇다면 우리 생명의 교회 가운데 주님의 신부가 얼마나 있습니까?"

주님은 대답해주셨습니다.

"때가 되면 알게 되리라. 누가 나의 신부인지를 알려하지 말고 너희 스스로가 나의 신부인지를 돌아보라. 나의 사랑을 붙잡는 자는 살아나리라. 내가 이 비밀을 너희에게 이름은 너희가 나의 친구이기 때문이다. 마지막 때에 함께 기뻐하리라."

처음에는 수많은 무리들이 예수님 곁에 오지만 끝까지 인내하고 연단받으며 예수님의 십자가 사랑을 붙든 자만이 주님과 영원히 함께 살게 됩니다.

여러분은 예수님 곁에 있다가 떠나는 무리가 되겠습니까? 아니면 끝까지 예수님의 좁고 험한 십자가의 길을 주님과 함께 가시겠습니까?

> "좁은 문으로 들어가라. 멸망으로 인도하는 문은 크고 그 길이 넓어 그리로 들어가는 자가 많고 생명으로 인도하는 문은 좁고 길이 협착하여 찾는 이가 적음이니라." (마 7:13~14)

> "좁은 문으로 들어가기를 힘쓰라. 내가 너희에게 이르노니 들어가기를 구하여도 못하는 자가 많으리라." (눅 13:14)

"아비나 어미를 나보다 더 사랑하는 자는 내게 합당치 아니하고 아들이나 딸을 나보다 더 사랑하는 자도 내게 합당치 아니하고 또 자기 십자가를 지고 나를 좇지 않는 자도 내게 합당치 아니하니라. 자기 목숨을 얻는 자는 잃을 것이요 나를 위하여 자기 목숨을 잃는 자는 얻으리라." (마 10:37~39)

"또 무리에게 이르시되 아무든지 나를 따라 오려거든 자기를 부인하고 날마다 제 십자가를 지고 나를 좇을 것이니라." (눅 9:23)

"자녀이면 또한 후사 곧 하나님의 후사요 그리스도와 함께 한 후사니 우리가 그와 함께 영광을 받기 위하여 고난도 함께 받아야 될 것이니라. 생각건대 현재의 고난은 장차 우리에게 나타날 영광과 족히 비교할 수 없도다." (롬 8:17~18)

"너희의 인내로 너희 영혼을 얻으리라." (눅 21:19)

예수님이 곧 오십니다

나의 사랑을 전해다오!

오후 예배 기도시간이었습니다. 예수님이 성령님의 잔잔한 기름 부으심 가운데 임하여 주셨습니다. 그리고 들릴 듯 말 듯한 작은 소리로 심령에 이야기해 주셨습니다.

"아들아, 너는 오늘 나의 사랑을 일부분 느끼게 될 것이란다."

잠시 후 주님은 저의 눈에 목사님을 보여주셨습니다. 목사님은 기도하고 계셨고 작은 골방에서 무릎 꿇고 어린아이와 같이 눈물을 흘리며 크게 울고 계셨습니다. 주님은 그런 목사님을 보시며 저에게 말씀하셨습니다.

"아들아, 내게 이렇게 간절하게 기도하는 이 아이를 보는 내 마음이 어떤지 너는 이해하겠니?"

그리고는 목사님을 안아 주셨습니다. 저는 그 목소리와 그 사랑을 보며 고개를 저을 수밖에 없었습니다. 다 이해할 수 없었으니까요. 그 사랑이 얼마나 큰지를, 간절한 기도에 친히 임하셔서 그곳에 함께 하시는 주님의 사랑을 다 알 수 없었으니까요. 우리가 느끼지 못하는 그 곳에도 함께 계신 그 사랑을 말입니다.

주님은 그런 저의 눈을 돌려 이번엔 다른 식구를 보게 하셨습니다. 어두운 중에 길을 걷는 모습이었고 주님이 또한 그 옆에 함께 걸어 주셨습니다. 그리고는 저를 보며 말씀하셨습니다.

"이 아이가 방황할 때 그리고 다시 내 앞으로 나와 눈물을 흘리며 회개할 때 내 마음이 어떠하였는지를 너는 이해하느냐?"

저는 다시 고개를 저을 수밖에 없었습니다. 방황하는 영혼을 향한 주님의 사랑이 얼마나 컸고 그가 다시 회개할 때 그 마음을 안아 주신 그 사랑을 다 이해하지 못했으니까요.

주님은 그렇게 고개 저으며 있던 저의 눈을 다른 곳으로 향하게 하셨습니다. 그곳엔 핍박받는 교회식구 한 사람이 있었고 그 앞에는 칼을 든 한 사람의 손도 있었습니다. 주님은 그를 보시며 저에게 말씀하셨습니다.

"아들아, 나를 위해 핍박받는 자와 또 나를 핍박하는 자를 향한 나의 사랑을 너는 아느냐?"

저는 다시 고개를 저었습니다. 자신을 대적하는 원수마저도 품으시고 사랑하시며 또 핍박받는 영혼과 함께 고난을 받으시던 그 사랑을 다 이해하기에는 저의 마음이, 저의 심령이 감당할 수 없었으니까요.

이후에 또 주님은 다른 자매들을 보여주셨습니다. 한 사람은 세상의 말로 입을 크게 벌리며 수다스럽게 떠드는 모습을, 또 다른 한 사람은 복음 앞에 입을 닫아버린 모습이었습니다. 주님은 이번에도 저에게 말씀하셨습니다.

"아들아, 너는 이 아이들을 보며 가슴 아파하는 나의 마음을 이해하겠니?"

그때 그 시간 저는 아무것도 할 수 없었습니다. 주님은 눈물을 흘리고 계셨으며 저는 주님이 소리 없는 탄식으로 그들과 저를 보심을 알았으니까요.

우리의 마음이 어떠하며 우리의 심령이 어떠하고 우리의 생각이 어떠한지를 감찰하시는 하나님 앞에 아무것도 숨길 수 없었습니다. 그 사랑 앞에 섰을 때는 또 아무것도 드러낼 것이 없었습니다.

지금 이 시간 이 세상에서 우리가 누리게 된 주님의 사랑은 극히 일부분이라는 것을 알게 되었을 때 우리는 잠잠하게 되고 또 그분 앞에 무릎 꿇게 되는지도 모르겠습니다. 주님은 환상을 다 보여주시고 저에게 말씀하셨습니다.

"나는 사랑하며 때로는 슬펐고 아팠단다. 때론 사랑하며 힘들었고 때로는 사랑하며 괴로웠지. 아들아, 내 이런 마음을 기록해 주겠니? 아들아, 나의 이 마음을 증거해 주겠니?"

우리는 그 사랑을 다 이해할 수도 다 헤아리지도 못하지만 주님은 우리에게 그런 부탁을 하고 계십니다. "나의 사랑을 전해주겠니?" 하고 말입니다. 그러므로 우리 모두가 주님의 그 뜻을 받들어 주 예수 그리스도의 십자가 사랑을 이루며 그 사랑을 따라 행하는 주님의 귀한 자녀들이 되기를 바랍니다.

"새 계명을 너희에게 주노니 서로 사랑하라. 내가 너희를 사랑한 것같이 너희도 서로 사랑하라. 너희가 서로 사랑하면 이로써 모든 사람이 너희가 내 제자인 줄 알리라." (요 13:34~35)

"사랑하는 자들아 우리가 서로 사랑하자. 사랑은 하나님께 속한 것이니 사랑하는 자마다 하나님께로 나서 하나님을 알고 사랑하지 아니하는 자는 하나님을 알지 못하나니 이는 하나님은 사랑이

심이라." (요일 4:7~8)

"하나님이 우리를 사랑하시는 사랑을 우리가 알고 믿었노니 하나
님은 사랑이시라. 사랑 안에 거하는 자는 하나님 안에 거하고 하
나님도 그 안에 거하시느니라." (요일 4:16)

네가 저 사람들마저도 사랑할 수 있겠느냐?

주님이 저에게 임재해주셨습니다. 그 시간 저는 예수님의 사랑을 구하고 예수님의 마음을 구하고 있었습니다. 주님은 저의 눈을 열어 환상을 보게 하셨습니다. 하늘로부터 예수님의 피가 교회에서 기도하는 각 사람의 머리로 흘러내려 그 몸을 적시는 모습을 저에게 보여주셨습니다.

그 후 그 피로 적셔진 사람들의 서 있는 땅에서 십자가가 솟아나왔으며 그 피를 받은 자는 예수님과 같이 십자가에 못 박혔음을 보게 하셨습니다. 그리고는 주님이 저에게 지구를 보이셨습니다. 제가 본 지구는 검고 어두운 구름에 휩싸인 것처럼 보였습니다.

주님은 저의 눈을 이끌어 더욱 더 가까이 가서 보게 하셨습니다. 그것은 검고 어두운 구름이 아니라 공중의 권세 잡고 지상의 사람들을 공격하는 귀신의 무리였습니다. 그리고 주님은 저의 눈을 더욱 더 지상으로 가까이 하셨습니다. 그곳엔 교회에 방화하며 테러하는 핍박자들이 있었습니다. 그때 주님께서 말씀하셨습니다.

"네가 저런 자들까지 사랑할 수 있겠느냐?"

주님은 또 저에게 다른 곳, 많은 사람들이 식량 부족과 물 부족으로 고통스러워 하며 죽어가는 모습을 보여주시며 말씀하셨습니다.

"이런 자들에게 나아가 사랑할 수 있겠느냐?"

마지막으로 주님은 저에게 세상의 타락한 문화, 즉 세상의 음악이 크게 나오고 사람들이 춤추고 있는 그곳을 보여주시며 슬픔에 찬 목소리로 말씀하셨습니다.

"저런 자들에게까지 나아갈 수 있느냐?"

여러분, 주님이 말씀하시는 것은 우리를 사랑하는 자만 사랑하고 우리를 대적하고 괴롭히는 자는 마음을 닫는 그런 수준의 사랑이 아닙니다. 교회를 공격하는 대적자마저도 사랑하는 사랑, 곧 십자가 사랑이었습니다.

세상은 어둡습니다. 검은 구름처럼 귀신의 무리들은 역사하고 있고 사랑도 식어가고 있습니다. 그 가운데 주 예수님은 우리들에게 말씀하십니다.

"네가 저 사람들마저도 사랑할 수 있겠느냐?"

"새 계명을 너희에게 주노니 서로 사랑하라. 내가 너희를 사랑한 것같이 너희도 서로 사랑하라." (요 13:34)

"또 눈은 눈으로, 이는 이로 갚으라 하였다는 것을 너희가 들었으나 나는 너희에게 이르노니 악한 자를 대적지 말라. 누구든지 네 오른편 뺨을 치거든 왼편도 돌려 대며 또 너를 송사하여 속옷을 가지고자 하는 자에게 겉옷까지도 가지게 하며 또 누구든지 너로 억지로 오리를 가게 하거든 그 사람과 십리를 동행하고 네게 구하는 자에게 주며 네게 꾸고자 하는 자에게 거절하지 말라.

또 네 이웃을 사랑하고 네 원수를 미워하라 하였다는 것을 너희가 들었으나 나는 너희에게 이르노니 너희 원수를 사랑하며 너희를 핍박하는 자를 위하여 기도하라. 이같이 한즉 하늘에 계신 너희 아버지의 아들이 되리니 이는 하나님이 그 해를 악인과 선인에게 비취게 하시며 비를 의로운 자와 불의한 자에게 내리우심이니라. 너희가 너희를 사랑하는 자를 사랑하면 무슨 상이 있으리요 세리도 이같이 아니하느냐. 또 너희가 너희 형제에게만 문안하면 남보다 더 하는 것이 무엇이냐. 이방인들도 이같이 아니하느냐. 그러므로 하늘에 계신 너희 아버지의 온전하심과 같이 너희도 온전하라." (마 5:38~48)

예수 그리스도의 사랑의 강은 '무료입니다'

저는 어떤 꿈을 꾸었습니다. 그 꿈의 시작은 십자가에 달리신 예수님이 보이면서부터였습니다.

예수님이 달리신 십자가 아래에는 큰 강이 하나 흐르고 있었는데 그 강의 이름은 '예수 그리스도의 사랑의 강'이었습니다. 그리고 그 곳엔 '무료입니다'라는 팻말이 붙어 있었습니다. 또 그 옆에는 근원이 보이지 않는 세상의 강이 있었는데, 엄청난 악취와 더러움으로 가득했고 거친 물살이 몰아치는 강이었습니다. 그리고 그 강에도 푯말이 있었는데 '다 와서 즐기라'라는 푯말이었습니다. 그 강에는 수많은 사람들로 바글거렸고 반면에 예수님의 십자가 사랑의 강에는 정말 적은 사람들만이 목욕을 하고 물을 마시고 있었습니다.

세상의 강에 있는 사람들은 시간이 지나면 지날수록 그 몸이 썩고 문드러져 최후에는 아무것도 남지 않고 죽어 버렸고, 십자가 사랑의 강에 있는 사람들은 시간이 지나면 지날수록 맑고 밝고 환한 모습으로 더욱 아름다워져 갔습니다. 이 환상을 보면서 저는 세상의 강에서 죽어가는 사람들에 대한 예수님의 슬픔을 느낄 수 있었습니다.

우리들은 전에 세상의 강에서 썩어갔으며 고통받아 왔었습니다. 하지만 지금은 주님의 도우심을 통해서 예수님의 십자가 사랑의 강물 안으로 들어왔습니다. 이 얼마나 주님께 감사한 일입니까?

우리는 사랑의 강 안에서 항상 은혜가 충만한 가운데 거하되, 그 세상의 강에서 아무것도 모른 채 죽어 가고 있는 수많은 사람들을 건져 올려서 예수님의 사랑의 강 안에서 치유받고 사랑으로 새롭게 변화될 수 있도록 해야 될 것입니다.

여러분, 예수 그리스도의 십자가 사랑의 강을 떠나면 그 최후는 고통과 사망뿐입니다. 절대로 예수님의 십자가 사랑의 강을 떠나지 마세요.

"또 무리에게 이르시되 아무든지 나를 따라 오려거든 자기를 부인하고 날마다 제 십자가를 지고 나를 좇을 것이니라." (눅 9:23)

"새 계명을 너희에게 주노니 서로 사랑하라. 내가 너희를 사랑한 것같이 너희도 서로 사랑하라." (요 13:34)

"우리가 형제를 사랑함으로 사망에서 옮겨 생명으로 들어간 줄을 알거니와 사랑치 아니하는 자는 사망에 거하느니라." (요일 3:14)

"그의 계명은 이것이니 곧 그 아들 예수 그리스도의 이름을 믿고 그가 우리에게 주신 계명대로 서로 사랑할 것이니라." (요일 3:23)

"사랑하는 자들아 우리가 서로 사랑하자. 사랑은 하나님께 속한 것이니 사랑하는 자마다 하나님께로 나서 하나님을 알고 사랑하지 아니하는 자는 하나님을 알지 못하나니 이는 하나님은 사랑이심이라." (요일 4:7~8)

"하나님이 우리를 사랑하시는 사랑을 우리가 알고 믿었노니 하나님은 사랑이시라. 사랑 안에 거하는 자는 하나님 안에 거하고 하나님도 그 안에 거하시느니라." (요일 4:16)

예수님이 곧 오십니다

구원의 천국 길, 예수님의 십자가 사랑의 길

예수님이 각 성 각 촌으로 다니사 가르치시며 예루살렘으로 여행하실 때 어떤 사람이 물었습니다.

"주여 구원을 얻는 자가 적으니이까" (눅 13:23)

그때 예수님은 다음과 같이 말씀하셨습니다.

"좁은 문으로 들어가기를 힘쓰라. 내가 너희에게 이르노니 들어가기를 구하여도 못하는 자가 많으리라. 집주인이 일어나 문을 한 번 닫은 후에 너희가 밖에 서서 문을 두드리며 주여 열어주소서 하면 저가 대답하여 가로되 나는 너희가 어디로서 온 자인지 알지 못하노라 하리니 그때에 너희가 말하되 우리는 주 앞에서 먹고 마셨으며 주는 또한 우리 길거리에서 가르치셨나이다 하나 저가 너희에게 일러 가로되 나는 너희가 어디로서 왔는지 알지 못하노라. 행악하는 모든 자들아 나를 떠나가라 하리라."

(눅 13:24~27)

또한 마태복음 7장 13~14절에서 예수님은 다음과 같이 말씀하셨습니다.

> "좁은 문으로 들어가라. 멸망으로 인도하는 문은 크고 그 길이 넓어 그리로 들어가는 자가 많고 생명으로 인도하는 문은 좁고 길이 협착하여 찾는 이가 적음이니라." (마 7:13~14)

여러분, 많은 사람들이 천국에 가고 싶어 합니다. 많은 사람들이 영생 복락을 누리고 싶어 합니다. 예수님을 믿지 않는 많은 사람들조차 천국이 있다면 천국에 가고 싶다고 말하고 영생 복락이 있다면 영생 복락을 누리고 싶다고 말합니다.

그러나 아무나 천국에 갈 수 있는 것이 아니며 아무나 영생 복락을 누릴 수 있는 것이 아닙니다. 오직 좁은 문으로 들어가 그 길을 간 사람이 천국에 들어가 영생 복락을 누릴 수 있다고 주님은 말씀하십니다.

그러면 천국에 들어가 영생 복락을 누리는 사람이 왜 적을까요? 그것은 천국으로 인도하는 문과 길이 좁고 협착하여 찾는 이가 적기 때문입니다. (마 7:13~14) 그러므로 누구든지 구원받고 천국 영생 복락을 누리려면 반드시 이 좁은 문을 통해 그 협착한 길을 가야 합니다.

그렇다면 이 좁은 문과 협착한 길은 무엇입니까? 우리는 그 정답을 성경 말씀을 통해서도 알 수가 있습니다.

> "그러므로 예수께서 다시 이르시되 내가 진실로 진실로 너희에게 말하노니 나는 양의 문이라." (요 10:7)

"내가 문이니 누구든지 나로 말미암아 들어가면 구원을 얻고 또는 들어가며 나오며 꼴을 얻으리라." (요 10:9)

"예수께서 가라사대 내가 곧 길이요 진리요 생명이니 나로 말미암지 않고는 아버지께로 올 자가 없느니라." (요 14:6)

"또 무리에게 이르시되 아무든지 나를 따라 오려거든 자기를 부인하고 날마다 제 십자가를 지고 나를 좇을 것이니라." (눅 9:23)

그러므로 우리는 이 좁은 문과 협착한 길이 곧 예수 그리스도이 심을 알 수 있으며 예수님을 따라 천국으로 가고자 한다면 우리는 반드시 자기를 부인하고 자기 십자가를 지고 예수 그리스도를 끝까지 좇아야 되는 것입니다.

이것은 곧 끝까지 예수 그리스도의 삶을 본받는 삶을 살아야 되는 것입니다. 다시 말해서, 구원의 천국 길은 예수 그리스도의 십자가 사랑의 길인 것입니다.

누가복음 10장 25~28절의 말씀을 보면 예수님은 우리에게 영생을 얻는 방법을 알려주시고 계십니다.

"어떤 율법사가 일어나 예수님을 시험하여 가로되 선생님 내가 무엇을 하여야 영생을 얻으리이까. 예수께서 이르시되 율법에 무엇이라 기록되었으며 네가 어떻게 읽느냐. 대답하여 가로되 네 마음을 다하며 목숨을 다하며 힘을 다하며 뜻을 다하여 주 너의 하나님을 사랑하고 또한 네 이웃을 네 몸과 같이 사랑하라 하였나

이다. 예수께서 이르시되 네 대답이 옳도다. 이를 행하라 그러면 살리라 하시니"(눅 10:25~28)

여기서 우리가 마음을 다하며 목숨을 다하며 힘을 다하며 뜻을 다하여 주 하나님을 사랑하는 것은 하나님을 향한 수직적인 사랑이고 이웃을 네 몸과 같이 사랑하는 것은 이웃을 향한 수평적인 사랑인 것입니다. 이 두 사랑은 십자가 사랑을 이루는 것인데 주 예수님의 사랑은 실로 완벽한 십자가 사랑인 것입니다.

예수님은 마음을 다하며 목숨을 다하며 힘을 다하며 뜻을 다하여 주 하나님 아버지를 사랑하시며 이웃을 자신의 몸과 같이 사랑하실 뿐만 아니라 죄인된 이웃을 위하여 대신 희생하시는 주님이십니다. 예수님의 사랑은 흠점 없이 완전한 하나님의 사랑이요, 모든 죄를 대속해주며 사람을 의롭게 해주는 사랑입니다. 우리가 알고 있듯이 예수님이 모든 죄인들을 위해 흘려주신 대속의 보혈은 바로 십자가 사랑의 보혈인 것입니다.

예수님은 다음과 같이 말씀하셨습니다.

"네 마음을 다하고 목숨을 다하고 뜻을 다하여 주 너의 하나님을 사랑하라 하셨으니 이것이 크고 첫째 되는 계명이요 둘째는 그와 같으니 네 이웃을 네 몸과 같이 사랑하라 하셨으니 이 두 계명이 온 율법과 선지자의 강령이니라."(마 22:37~40)

또한 로마서 13장 8~10절 말씀은 다음과 같습니다.

"피차 사랑의 빚 외에는 아무에게든지 아무 빚도 지지 말라 남을 사랑하는 자는 율법을 다 이루었느니라. 간음하지 말라, 살인하지 말라, 도적질하지 말라, 탐내지 말라 한 것과 그 외에 다른 계명이 있을지라도 네 이웃을 네 자신과 같이 사랑하라 하신 그 말씀 가운데 다 들었느니라. 사랑은 이웃에게 악을 행치 아니하나니 그러므로 사랑은 율법의 완성이니라." (롬 13:8~10)

이같이 예수님의 사랑은 모든 율법을 이루는 하나님의 완전한 사랑입니다. 그러므로 우리는 예수님이 말씀하신 바대로 주님의 십자가 사랑으로 살아야 구원받아 천국 영생 복락을 누리게 될 것입니다.

이것은 다시 말해서 누구든지 천국에 들어가 영생 복락을 누리려면 먼저 자신의 죄들을 회개해야 하며 예수 그리스도를 구원자와 주님으로 모셔 섬기는 참된 믿음이 있어야 됨을 말하며 이 믿음은 단지 예수님에 대해 아는 것이 아니며 단지 예수님을 믿는다고 생각하는 것도 아니고 단지 예수님의 말씀에 동의하는 것도 아닙니다. 이 믿음은 예수님을 나의 유일한 구원자이며 주님으로 내 안에 모셔서 주님의 사랑으로 순종하는 믿음인 것입니다.

예수님은 다음과 같이 말씀하셨습니다.

"내가 진실로 진실로 너희에게 이르노니 인자의 살을 먹지 아니하고 인자의 피를 마시지 아니하면 너희 속에 생명이 없느니라. 내 살을 먹고 내 피를 마시는 자는 영생을 가졌고 마지막 날에 내가 그를 다시 살리리니 내 살은 참된 양식이요 내 피는 참된 음료로

다. 내 살을 먹고 내 피를 마시는 자는 내 안에 거하고 나도 그 안에 거하나니 살아계신 아버지께서 나를 보내시매 내가 아버지로 인하여 사는 것같이 나를 먹는 그 사람도 나로 인하여 살리라. 이것은 하늘로써 내려온 떡이니 조상들이 먹고도 죽은 그것과 같지 아니하여 이 떡을 먹는 자는 영원히 살리라."

(요 6:53~58)

우리가 예수님을 진정 영적으로 인격적으로 구원자와 주님으로 모셔 섬기는 삶을 살면 예수님의 살을 먹고 예수님의 피를 마시는 영생의 삶을 살게 됩니다. 왜냐하면 예수님이 성령을 통하여 그 사람 안에서 영생으로 역사하시기 때문입니다.

그러면 누가 예수님을 진정 영적으로 인격적으로 구원자와 주님으로 모셔서 섬기는 믿음의 삶을 살까요? 그것은 예수님의 사랑을 받고 예수님을 사랑하는 사람입니다. 그러면 누가 이웃을 자신과 같이 사랑하고 죄인들을 위해 희생적으로 사랑할 수 있나요? 그것은 예수님의 사랑을 받고 예수님의 사랑을 따라 사는 사람입니다. 그러면 누가 구원받고 천국에서 영생 복락을 누리나요? 그것은 예수님의 사랑을 받고 예수님의 사랑으로 열매 맺는 사람입니다.

어떤 분들은 여기서 의문을 가질 수 있을 것입니다. "구원은 믿음으로 얻는 것이 아닌가요?" "천국 영생 복락도 믿음으로 얻는 것이 아닌가요?"라고 질문할 수도 있습니다.

맞습니다. 구원은 믿음으로 얻는 것이요. 천국 영생 복락도 믿음으로 얻는 것입니다. (요 1:12, 요 3:16, 행 16:31) 그러나 이 믿음은 참된 믿음이어야 됩니다.

세상에는 거짓 믿음들이 많고 거짓된 다른 예수들과 다른 복음들이 많습니다. (약 2:14~26, 마 24:5, 갈 1:6~9) 이러한 것들로는 절대 구원도 천국 영생 복락도 얻을 수가 없으며 오직 참된 믿음으로 구원받고 천국 영생 복락을 얻을 수 있는 것입니다.

그런데 그 믿음이 참된 믿음이 되려면 그것은 예수님의 사랑의 믿음이 되어야 합니다. 우리는 성경을 통해서도 예수님의 사랑의 믿음에 대해서 알 수 있습니다. 요한복음 14장 21절과 23~24절에서 예수님의 말씀을 찾아보겠습니다.

> "나의 계명을 가지고 지키는 자라야 나를 사랑하는 자니 나를 사랑하는 자는 내 아버지께 사랑을 받을 것이요 나도 그를 사랑하여 그에게 나를 나타내리라." (요 14:21)

> "예수께서 대답하여 가라사대 사람이 나를 사랑하면 내 말을 지키리니 내 아버지께서 저를 사랑하실 것이요 우리가 저에게 와서 거처를 저와 함께 하리라. 나를 사랑하지 아니하는 자는 내 말을 지키지 아니하나니 너희의 듣는 말은 내 말이 아니요 나를 보내신 아버지의 말씀이니라." (요 14:23~24)

예수님을 사랑하는 사람은 참된 믿음으로 주님의 말씀을 지키지만 예수님을 사랑하지 아니하는 자는 참된 믿음이 없음으로 주님의 말씀을 지키지 않습니다. 그리고 요한복음 15장 10절과 12절에서 예수님은 다음과 같이 말씀하셨습니다.

"내가 아버지의 계명을 지켜 그의 사랑 안에 거하는 것같이 너희도 내 계명을 지키면 내 사랑 안에 거하리라." (요 15:10)

"내 계명은 곧 내가 너희를 사랑한 것같이 너희도 서로 사랑하라 하는 이것이니라." (요 15:12)

그러므로 우리는 예수님의 사랑을 갖지 않고서는 절대 참된 믿음으로 행할 수 없음을 알 수 있습니다.

또한 우리는 그 사랑과 믿음의 관계에 대해서도 좀 더 알 수 있습니다. 그것은 예수님의 사랑 안에는 구원의 믿음이 있는 것입니다. 고린도전서 13장 4~7절 말씀에는 사랑의 속성과 내용의 것들이 나옵니다.

"사랑은 오래 참고 사랑은 온유하며 투기하는 자가 되지 아니하며 사랑은 자랑하지 아니하며 교만하지 아니하며 무례히 행치 아니하며 자기의 유익을 구치 아니하며 성내지 아니하며 악한 것을 생각지 아니하며 불의를 기뻐하지 아니하며 진리와 함께 기뻐하고 모든 것을 참으며 모든 것을 믿으며 모든 것을 바라며 모든 것을 견디느니라." (고전 13:4~7)

여기서 사랑 안에는 모든 것을 믿는 것이 포함되어 있습니다. 주 하나님 안에 있는 모든 것을 믿는 것이 사랑의 속성이요 내용인 것입니다. 즉 믿음이 사랑 안에 있음을 알 수 있습니다.

이 사랑은 하나님의 사랑이요, 본체가 하나님이요 그리스도이신 예수님의 사랑인 것입니다. 이 예수님의 사랑 안에 구원의 믿음이 들어있는 것입니다. 그러므로 예수님의 사랑을 받고 그 사랑을 따라 사는 사람들은 구원의 믿음을 갖게 되고 구원받고 천국 영생 복락을 얻게 되는 것입니다.

예수님의 사랑을 받고 그 사랑을 따라 사는 사람들은 예수님을 구원자와 주님으로 모시며 주님 말씀대로 믿음으로 순종하여 사랑의 열매와 성령의 열매들을 맺게 됩니다. 우리는 예수님의 사랑으로 사는 것이 얼마나 중요한지 성경의 여러 곳에서 좀 더 찾아 볼 수 있습니다.

> "내가 사람의 방언과 천사의 말을 할지라도 사랑이 없으면 소리나는 구리와 울리는 꽹과리가 되고 내가 예언하는 능이 있어 모든 비밀과 모든 지식을 알고 또 산을 옮길 만한 모든 믿음이 있을지라도 사랑이 없으면 내가 아무것도 아니요, 내가 내게 있는 모든 것으로 구제하고 또 내 몸을 불사르게 내어 줄지라도 사랑이 없으면 내게 아무 유익이 없느니라." (고전 13:1~3)

이것은 예수님의 사랑이 없이 행하는 어떤 은사나 구제나 헌신도 아무 유익이 없으며 어떤 성령의 열매도 맺을 수 없음을 말씀해 주고 있는 것입니다. 따라서 예수님의 사랑이 없는 삶은 구원도 천국 영생 복락도 없습니다.

> "우리가 형제를 사랑함으로 사망에서 옮겨 생명으로 들어간 줄을 알거니와 사랑치 아니하는 자는 사망에 거하느니라." (요일 3:14)

"그의 계명은 이것이니 곧 그 아들 예수 그리스도의 이름을 믿고 그가 우리에게 주신 계명대로 서로 사랑할 것이니라." (요일 3:23)

"새 계명을 너희에게 주노니 서로 사랑하라. 내가 너희를 사랑한 것같이 너희도 서로 사랑하라. 너희가 서로 사랑하면 이로써 모든 사람이 너희가 내 제자인 줄 알리라." (요 13:34~35)

우리는 예수님이 우리를 위해 죽기까지 모든 것을 희생하신 그 사랑으로 서로 사랑해야 된다는 것입니다. 예수님을 죽이는 모든 죄인들조차 용서하시며 그들을 위해 중보기도 하시고 대신 죽어 주시는 주님의 그 사랑으로 우리 또한 원수도 사랑해야 되는 것입니다.

만약 누구라도 원수 같은 죄인까지 사랑하지 않고 용서하지 않는다면 그 또한 하나님으로부터 죄를 용서받지 못하고 심판받게 될 것입니다.

"나는 너희에게 이르노니 너희 원수를 사랑하며 너희를 핍박하는 자들을 위하여 기도하라. 이같이 한즉 하늘에 계신 너희 아버지의 아들이 되리니 이는 하나님이 그 해를 악인과 선인에게 비취게 하시며 비를 의로운 자와 불의한 자에게 내리우심이니라. 너희가 너희를 사랑하는 자를 사랑하면 무슨 상이 있으리요 세리도 이같이 아니하느냐." (마 5:44~46)

"너희가 사람의 과실을 용서하면 너희 천부께서도 너희 과실을 용서하시려니와 너희가 사람의 과실을 용서하지 아니하면 너희 아

버지께서도 너희 과실을 용서하지 아니하시리라." (마 6:14~15)

예수님은 또한 말씀하셨습니다.

"아비나 어미를 나보다 더 사랑하는 자는 내게 합당치 아니하고 아들이나 딸을 나보다 더 사랑하는 자도 내게 합당치 아니하고 또 자기 십자가를 지고 나를 좇지 않는 자도 내게 합당치 아니하리라. 자기 목숨을 얻는 자는 잃을 것이요 나를 위하여 자기 목숨을 잃는 자는 얻으리라." (마 10:37~39)

그러므로 우리는 예수님을 부모나 처자식이나 자기 자신보다도 더 사랑해야 되는 것입니다. 예수님을 우선 지극히 존귀하게 여기고 절대 사랑해야 되는 것입니다. 만약 이같이 사랑하지 않는다면 누구든지 천국에서 영생 복락을 누릴 수 없고 하나님의 심판으로 지옥에 떨어지고 말 것입니다. 왜냐하면 사람이 이 세상에서 살아가는데 예수님보다 더 사랑하는 것이 있다면 그것은 욕심의 죄악이요, 우상의 죄악이기 때문입니다.

만약 우리가 진정 하나님을 우선 사랑하고 이웃을 사랑한다면 우리는 하나님의 계명들을 지키게 될 것입니다. (요일 5:3) 먼저 마음을 다하고 목숨을 다하고 뜻을 다하고 힘을 다하여 주 하나님을 사랑하고자 힘쓸 것이며, 이웃을 자기 몸과 같이 사랑하도록 힘쓸 것입니다. (막 12:28~31, 마 22:37~40) 또한 하나님의 아들 예수 그리스도의 이름을 믿고 그가 우리에게 주신 계명대로 서로 사랑할 것입니다. (요일 3:23)

누구든지 하나님을 사랑하노라 하고 그 형제를 미워하면 이는 거짓말하는 자입니다. 왜냐하면 보는바 그 형제를 사랑치 아니하는 자가 보지 못하는바 하나님을 사랑할 수 없기 때문입니다. (요일 4:20) 그러므로 하나님을 사랑하는 자는 이웃을 사랑하게 되며 또한 이웃을 사랑해야 되는 것입니다. (요일 4:21)

그리고 이것과 관련해서 십계명에 대해서 말씀드리고자 합니다. 십계명은 예수님의 십자가 사랑 안에 있는 기본적인 계명이요, 최소한의 계명으로서 우리가 십계명을 지키는 것은 당연한 일인 것입니다. 십계명은 예수님의 십자가 사랑과 떼려야 뗄 수 없는 불가분의 관계를 맺고 있습니다.

십계명 중에 첫째 계명부터 넷째 계명까지는 하나님을 향한 사랑의 계명이며 다섯째 계명부터 열째 계명까지는 사람을 향한 사랑의 계명인 것입니다. 곧 하나님을 향한 수직적인 사랑의 계명이요, 사람을 향한 수평적인 사랑의 계명으로서 예수님의 십자가 사랑의 계명 안에 포함되어 있습니다.

예수님의 십자가 사랑의 계명은 먼저 마음을 다하고 목숨을 다하고 뜻을 다하고 힘을 다하여 주 하나님을 사랑하는 것이요, 이웃을 자기 몸과 같이 사랑할 뿐만 아니라 자기를 희생해서라도 이웃을 사랑하는 것이요, 원수 같은 자도 용서하고 위하여 기도하고 축복하며 대신 위하여 희생할 수도 있는 사랑인 것입니다.

그러므로 예수님의 십자가 사랑의 계명을 따르는 자는 당연히 하나님이 우리에게 지키라고 주신 십계명을 의와 인과 신으로 지키게 됩니다. 요한일서 5장 3절 말씀은 다음과 같이 증거합니다.

"하나님을 사랑하는 것은 이것이니 우리가 그의 계명들을 지키는

것이라. 그의 계명들은 무거운 것이 아니로다." (요일 5:3)

예수님을 보고 주여 주여 하면서 하나님 말씀 뜻대로 살지 아니
하면 그 사람은 천국에 들어가지 못하고 지옥으로 떨어지고 맙니
다. 자신은 기독교인이라고 말할지라도, 자신은 예수를 믿는다고
말할지라도 하나님 말씀 뜻대로 살지 아니하면 그 사람은 심판 받
아 지옥가게 되는 것입니다. (마 7:21, 눅 6:46~49)
예수님은 다음과 같이 말씀하셨습니다.

"아무든지 나를 따라오려거든 자기를 부인하고 날마다 제 십자
가를 지고 나를 좇을 것이니라." (눅 9:23)

우리는 예수님을 따라 천국에 가려면 자기 생각이나 마음대로
살아서는 안 되며 자기 원하는 대로 자기 육신대로 살아서도 안
되며 자기중심적인 삶에서 떠나 자기 자신을 하나님께 드리고 예
수님 중심으로 살아야 되며 하나님 말씀 중심으로 살아야 됩니다.
또한 우리는 하나님이 주신 십자가 사랑의 나의 사명을 날마다
달게 지고 감당하는 삶을 살아야 됩니다. 교회에서의 십자가 사랑
의 나의 사명, 가정에서의 십자가 사랑의 나의 사명, 일반 사회에서
의 십자가 사랑의 나의 사명을 감당하는 삶을 살아야 됩니다. 각
자 처한 곳에서 주님이 주신 전도의 사명과 선교의 사명과 직분의
사명을 감당하는 삶을 살아야 되는 것입니다.
그리고 우리는 예수님을 따라 순교 신앙으로 끝까지 십자가 사랑
의 고난의 길을 가야 되는 것입니다. (마 10:37~39, 마 10:22, 마 24:13,

막 10:29~30, 눅 14:26~27, 눅 14:33, 눅 21:19, 롬 8:17, 계 2:10) 예수 그리스
도와 천국 복음을 위해서라면 죽을 것도 각오하고 어떤 핍박도 견
디며 예수님이 가신 그 십자가 사랑의 고난의 길을 계속해서 따라
가는 것입니다. 예수님을 계속 따라가는 삶이란 어떤 삶인지 성경
에는 잘 나와 있는데 그 성경 구절을 찾아보면 다음과 같습니다.

"아비나 어미를 나보다 더 사랑하는 자는 내게 합당치 아니하고
아들이나 딸을 나보다 더 사랑하는 자도 내게 합당치 아니하고
또 자기 십자가를 지고 나를 좇지 않는 자도 내게 합당치 아니하
리라. 자기 목숨을 얻는 자는 잃을 것이요 나를 위하여 자기 목숨
을 잃는 자는 얻으리라." (마 10:37~39)

"또 너희가 내 이름으로 인하여 모든 사람에게 미움을 받을 것이
나 나중까지 견디는 자는 구원을 얻으리라." (마 10:22)

"예수께서 가라사대 내가 진실로 너희에게 이르노니 나와 및 복음
을 위하여 집이나 형제나 자매나 어미나 아비나 자식이나 전토를
버린 자는 금세에 있어 집과 형제와 자매와 모친과 자식과 전토
를 백배나 받되 핍박을 겸하여 받고 내세에 영생을 받지 못할 자
가 없느니라." (막 10:29~30)

"길 가실 때에 혹이 여짜오되 어디로 가시든지 저는 좇으리이다. 예
수께서 가라사대 여우도 굴이 있고 공중의 새도 집이 있으되 인자
는 머리 둘 곳이 없도다 하시고 또 다른 사람에게 나를 좇으라 하

시니 그가 가로되 나로 먼저 가서 내 부친을 장사하게 허락하옵소서. 가라사대 죽은 자들로 자기의 죽은 자들을 장사하게 하고 너는 가서 하나님의 나라를 전파하라 하시고 또 다른 사람이 가로되 주여 내가 주를 좇겠나이다마는 나로 먼저 내 가족을 작별케 허락하소서. 예수께서 이르시되 손에 쟁기를 잡고 뒤를 돌아보는 자는 하나님의 나라에 합당치 아니하니라 하시니라." (눅 9:57~62)

"무릇 내게 오는 자가 자기 부모와 처자와 형제와 자매와 및 자기 목숨까지 미워하지 아니하면 능히 나의 제자가 되지 못하고 누구든지 자기 십자가를 지고 나를 좇지 않는 자도 능히 나의 제자가 되지 못하리라." (눅 14:26~27)

"이와 같이 너희 중에 누구든지 자기의 모든 소유를 버리지 아니하면 능히 내 제자가 되지 못하리라." (눅 14:33)

그러므로 여러분, 예수님을 따라 천국에 가고 싶다면, 그곳에서 영원토록 영생 복락을 누리고 싶다면 오직 예수님을 좇으세요. 예수님을 최고로 사랑하시고 예수님의 말씀 뜻을 절대 따르세요. 그래서 온 영혼육이 깨끗하고 신령하고 거룩하며 아름다운 상태로 늘 천국 갈 준비가 되어 있으시길 바랍니다.

더욱이 머지않아 다시 오실 예수님 앞에서 두려움과 부끄럼 당하지 않고 첫째 부활 휴거받을 수 있는 거룩한 신부가 되려면 예수님의 십자가 사랑의 사명의 길로 충성되이 가셔야 됩니다.

여러분 모두가 준비되시길 바랍니다.

맺음말

　지금은 예수님의 재림이 너무나 가까운 마지막 끝자락임을 제가 많은 말을 하지 않아도 하나님과 성경과 사람들과 세상 징조와 하나님의 계시들이 증거해 주고 있습니다.

　예수님의 재림이 언제인지 그 날과 그 시는 모르지만 지금은 깨어서 온전히 회개하고 하나님의 말씀 뜻을 분별하여 순종함으로 거룩한 신부의 길을 가야 될 때요, 예수님의 재림의 길을 닦아야 될 때인 것입니다.

　세례 요한이 주님의 초림사역의 길을 예비하고 그 첩경을 평탄케 한 것처럼 우리는 이때에 세례 요한처럼 순결하고 거룩한 신부로 단장하며 주님의 재림 사역의 길을 예비해야 되는 것입니다. 아무쪼록 여러분이 이 책을 읽고서 하나님의 은혜 가운데 예수님의 재림을 깨어 예비하도록 도움받으시길 원합니다.

　오래 전에 우리를 위해 이 세상에 오셔서 우리의 모든 죄를 대속해 주시기 위해 대신 십자가에서 죽어 주시고 3일 만에 부활하셔서 우리에게 부활과 영생의 소망을 주시고 우리가 거할 처소를 예비하러 천국에 올라가신 우리 주 예수 그리스도께서 이제는 다 준비하시고 곧 다시 오십니다.

　완전하고 영원한 신랑이신 우리 주 예수 그리스도께서 이곳에 다시 오실 때 저와 여러분은 부끄럼과 두려움 당하지 않고 흠점 없이

의와 평강과 희락과 영광과 감격으로 주님을 맞이할 수 있길 기도
합니다.

주 하나님께 영광을! 마라나타!
할렐루야, 아멘!